COSMIC
GARDEN
VISION INFINITY

The Portal to Cosmic Consciousness

Adventures of the Soul

Journeys Through the Physical and Spiritual Dimensions

靈魂的冒險

穿越物質與
靈魂次元的旅程

紐約時報暢銷書作者
美知名靈媒 詹姆斯·范普拉 (James Van Praagh) 著

林慈敏 譯

園丁的話

就如作者所説，這本跟他以前的書不太一樣。之前的《未竟之事》、《走出哀傷》都是他的通靈實例，透過真實故事讓大家知道死去的摯愛親人並沒有真的離開，他們只是換了一種形式存在，並且依舊關心著在世者。雖然離開了物質次元，他們會試圖以微妙的方式傳送訊息提供指引，或説謝謝、説抱歉，或就只是溫馨地 say hello...

這本則是作者解釋他所了解的靈魂和死後世界，很多時候，他就像是跟朋友聊天一樣，隨興地想到哪裡説到哪裡，字裡行間穿插了許多他對生活的想法。

在讀過宇宙奧秘和外星資訊後，也要回到現實的世界，好好思考人生的目的，了解為什麼會在這裡。

靈性是非常「實質」的，絕不是虛無飄緲的空泛言詞或無可驗證的東西。有些人將探索靈性演成逃避現實和編織幻相，這正好跟探索與活出靈性的意義背道而馳。一般説來，會故弄玄虛的，多是神棍和半調子的江湖術士。他們的話術若不是把你貶低，取走你的力量，讓你覺得需要並依附他們，就是把你

捧高,譬如說你是從多高的次元來的,滿足你的小我,也滿足他們的荷包。

台面上所見,越美麗的詞藻往往裝飾著越不誠懇的心。我的意思不是讀來動人的文字就不真誠,而是我們不要只以表面所呈現的來評估。畢竟說一套做一套的人太多了。不要看到或聽到什麼能通靈,能讀阿卡西紀錄,能接收外星訊息或女神的,就信以為真照單全收。盡信這些反而是活出靈魂目的的阻礙。

說到活出靈魂目的,這也是出版本書所懷抱的小小希望,希望能幫助改變人們對死亡的認知與恐懼,並活出靈魂來此的目的,那就是:去愛。

因為,愛是實現靈魂計劃的不二法則。

Contents | 目錄

獻給黛比‧福特

感謝妳把陰暗帶向光明

愛妳的詹姆斯

·

前言

讀過我前幾本書的人，將會發現本書有些不同。

我其他的書是基於過去三十年來，以一名專業靈媒的身分所做的數千次通靈解讀。我的第一本暢銷書《與天堂對話》在一九九七年創下驚人佳績時，與亡者對話和通靈的話題並非我們文化潮流的一部分。時間快轉到二〇一四年，這段期間，《靈感應》（*Ghost Whisperer*）與《靈媒緝凶》（*Medium*）兩部影集已經播映了好幾季，《靈異第六感》（*The Sixth Sense*）被提名奧斯卡最佳影片，電影《第六感生死戀》被改編成百老匯音樂劇，而其他受歡迎的靈媒（其中許多人是我的朋友），也在與世人分享他們的天賦。

我目前已不做私人的通靈解讀（除了偶爾的慈善活動之外），而是把精力投注在訓練其他人發展他們的通靈天賦，以及──若他們願意的話──展開他們助人的旅程。

我從幫助人們接受聖靈的奇蹟中得到很大的滿足，我也因此到世界各地演說靈性方面的主題。當然，在那些活動裡，我也會示範我的能力，跟那些已不存在於這個物質次元的意識溝通。

　　大多數人來聽我演講都想看到這樣的示範，但我也總是告訴他們真正重要的：那就是沒有「死亡」這回事，以及我們對於地球人生——相信這就是我們的真實本質——的信念，只是個幻相。真相是，我們是無始亦無終的永恆靈魂，然而當我們轉世到這個物質次元，我們只會意識到現在。人類的感官濾除了我們真實自我的完整性，使得我們無法看見完整的圖像。

　　如我在本書中將詳述的，有些方法能讓我們一瞥自己的真實本質：冥想、靈魂出體與瀕死經驗倖存者的報導，還有透過前世回溯和靈媒通靈的訊息。身為一個有幸被賦予能力，能夠與已過渡到另一個世界的靈魂溝通的人，我個人無法否認我曾有過的經驗。如果不是親身經歷，我自己也會心存懷疑。

　　如果要問我在靈媒生涯中學到了什麼，那就是：人類能做的最重要的事，就是運用愛的能量。地球是個非常忙碌的地方，我們也不斷遭遇挑戰與阻礙。當我們脫穎而出，我們會得到獎賞與鼓勵，但我們也很容易就把金錢或名聲跟成功畫上等號，然而這些事物是虛假的。披頭四合唱團說得非常貼切：你需要的只有愛。

　　我希望你把自己的靈魂想成是一條源遠流長的大河。它在蜿蜒流動時，有時會停滯形成水池。把水池想成物質界裡的一次轉世。過了一陣子，水再次流動，形成另一個水池。流動將

永遠存在，永遠有個目的地，也永遠有成長。這條河流會彎曲和轉變方向，但它確實有個終極目標：那就是與大海合一⋯⋯與整體合一。同樣地，你的靈魂使命就是運用愛的能量，成功地回到它的源頭。

　　我希望你在閱讀本書時可以了解，「生命」遠大於你的五種感官所能理解的範圍。舉例來說，我從家裡望向對街的公園，看見住在那裡的松鼠。牠們棲息在一個有限的空間，那是牠們所知的一切；那就是牠們的世界。牠們根本無法想像有個能讓牠們漫遊其上的大星球這個事實。這個可能性完全不在牠們的感知範圍。

　　相反地，演化賦予了人類思考其他宇宙與次元的能力。而透過人類的大腦去思考，有沒有可能得知我們為何在這裡的真相？我們是否被給予接通宇宙奧秘的其他途徑？而知道這些是我們在此的目的嗎？我希望這本書能使你展開尋找這些答案的個人探索。

　　請與我一起踏上穿越空間、時間與天堂領域的冒險，希望這場冒險能帶領你的靈魂——你的河流——抵達愛之海。

詹姆斯・范普拉

第一部

靈魂是什麼?

第一章

身體、靈魂與聖靈

　　自有時間以來，人類便一直在尋求瞭解靈魂的概念。一代代的神學家、古典學者、哲學家，甚至音樂家，都試圖用某種容易理解的方式來描述，好讓總是用腦子思考的人類得以領會。時至今日，靈魂與靈這兩個詞都是互換使用，而它們個別的真正意義卻並未被正確呈現與了解。

　　過去三十年來，作為靈魂世界的使者，我自己也展開了尋找靈魂正確定義與運作方式的探索。身為別人眼中的老師與榜樣，我認為這極為重要。當我在冥想、教課或傳遞來自另一個世界的訊息時，我經常默默詢問我的指導靈與來訪的靈魂，我們人類要如何才能更了解靈魂的本質。

　　以三位一體的概念來思考靈魂是我一再收到的想法。我知道這聽起來很宗教味，但我想這只是聖靈使用了我大腦資料庫裡的術語。因為我不是科學家或數學家，聖靈不會給我我不懂的慣用語。我也不是工程師或神學家，我只是個來自紐約皇后區，剛好生長在天主教家庭的男子。

　　不過，在我冥想和研讀時所浮現的三位一體概念，跟教理問答教導我的「聖父、聖子和聖靈」全然不同。如果要我作個類比，我會說「聖父」是聖靈（Spirit），「聖子」是身體，而「聖靈」則是**靈魂**。（「聖母」與「聖女」毫無疑問地可以用來取代「聖父」與「聖子」，但由於幾世紀來的傳統，大多數人都比較熟悉父權語言。）

　　我想由探索身體、靈魂與靈之間的關聯，來作為本書的開始。

身體：聖靈的物質載具

　　身體是我們的一部分，它從胚胎開始成長，然後成為一部由細胞、器官與肌肉組成的機器。我們清洗、裝扮、餵養和維護它。就像一部車，你保養得愈好，就能開得愈久並維持效能（希望如此）。

　　在受孕與出生之間的某個時刻，聖靈會進入身體作為靈魂。靈魂是聖靈在三次元的化身。不要把自己想成是個有靈魂的身體，而要想成是需要身體的聖靈。聖靈無所不在，祂在萬事萬物裡，而在我裡面——在這個我稱為詹姆斯・范普拉的身體裡——祂就是我的靈魂。

　　當在地球時，我是需要這個次元的身體的聖靈，如此我才能經歷其他領域沒有提供的環境並學習課題。我享受食物、藝術、文學、音樂，以及其他能滋養或對我的靈魂有意義的事物。我的靈魂經歷愛、恨、背叛、同情、原諒、同理……任何你能想到的感受。地球是教室，而靈魂是學生。

靈魂：我們永恆的、跨次元的自我

　　我的靈魂對我來說是獨一無二的，但同時，它也是整體的一部分，並與萬事萬物連結。這個連結被我們的身體感官過濾，因此好似不是一直存在。我們稱為愛的情感能讓我們感受到這種連結，而一些非比尋常的情況（例如九一一事件）也能讓我們感受到它。我們都是相同的能量，但地球提供我們太多不同的面貌和偽裝，我們有時很難認知到這個事實。

　　我們經常聽到人說：「我是神。」這是真的：我們的靈魂是來到地球的聖靈、神、阿拉、神性──不論你選擇怎麼稱呼。我們的身體因物質次元的限制而受限，但我們的靈魂是在線性空間與時間之外，並超越我們的身體自我。

　　靈魂是我們自我的獨特核心，以及我們是誰的意識。它已經歷許多生命、經驗與存在的表達。它充滿顯化自我的無限創造與可能性，它在自身發展和表達上也是明確的。當我跟一個

無形的存在或生命溝通時，我選擇的靈媒語彙是**靈魂對靈魂的溝通**。

　　有一次我跟好友黛比福特（Debbie Ford）討論靈魂的概念，她是創辦「陰影轉化工作坊」（The Shadow Process）的了不起的人生教練。她形容靈魂是我們永不死去的那個部分，它承載過去的所有訊息與課題，並把它們帶到未來。我很喜歡這個說法。我告訴她，在我的工作中，一旦靈魂回到聖靈世界的家，我所溝通的對象就是靈魂，而非聖靈。這是非常重要的區別。

　　那次談話後不久，我親愛的黛比便去了另一個世界，但我仍能收到來自她的訊息。雖然她對於離開兒子、其他家人與物質世界的朋友有些情感上的糾結，但對於她過渡到另一個世界的過程，她跟我說的第一句話是：「喔天啊！這也太容易了！」

靈魂的界域

　　靈魂承載著亙古以來我們在物質界所有經驗的記憶。而當來到聖靈的領域，我們的意識不僅知道自身靈魂的龐大完整，也能感受到聖靈的浩瀚意識。

　　我很喜歡聖經約翰福音第十四章第二節所說的：「在我父

的家裡有許多住處……」我相信這是指靈魂（在人類身體死去之後）會基於我們在人間的思想與言行，被帶往靈魂界域的不同層面，這包括了**星光界層面、心智界層面**與**天界層面**。

——你的人格、記憶與心智，都包含在你的星光體裡。當你的肉體死去，「真正的你」仍在你的星光體，它會意識到在人類身體之外的星光界的生命；你在人間的行為決定了你會被吸引到哪個層面。

- 星光界的**最低層**吸引最不進化（進展最少）的靈魂——那些尚未學到愛與尊重的功課的靈魂。
- 星光界的**中間層**吸引那些經歷了長期的身體疾病、創傷經驗或僵固信仰而需要休息與修復的靈魂。
- 星光界的**最高層**是人類所稱的天堂——靈魂的靈性意識成長之處。

——靈魂最終會決定是否回到地球層面以獲得更多經驗，或是前進到**心智界層面**。這個層面提供個別靈魂無限的發展。這裡可以接通歷來累積的智慧。

——最高界域是**天界層**。這裡是個別靈魂與所有宇宙生命合一的地方。基督、佛陀與其他偉大的靈性領袖都在這裡。

　　我但願能清楚表達出黛比與其他無數靈魂與我分享的關於聖靈領域的事（那裡是我們原本的狀態與真正的家），但在地球時，我只擁有人類的大腦，而它只能理解這個次元。人類的話語無法描述我們「擺脫這具臭皮囊」之後所感受到的愛與平靜。

　　靈魂作為我們心智、情緒與身體的組合，它不僅是由我們在人間的所有記憶構成，也包括了我們是誰，還有我們是什麼的整個範疇——不只是我們在物質次元所認知的「生命」，還有我們永恆、跨次元的存在。

　　當靈魂回到聖靈世界，它會非常覺察到它是如何度過最近一世，以及它對其他靈魂的影響。靈魂儲存了多世累積的智慧、愛與經驗。我們所曾經歷的一切，都被保存在靈魂的記憶裡。

聖靈：神聖火花

　　聖靈（Spirit）這個字來自拉丁文的「spiritus」，意思是「呼吸」。想到聖靈，我就會想到活化與點燃我們靈魂的本質、能量與神聖火花。聖靈是我們是誰的最高形式或面向，祂不具任

何人類的人格或個性。祂是所有一切的合一。你聽過神的呼吸（breath of God）這個詞（意即「聖靈」），就是祂賦予我們靈魂生命，然後靈魂才能透過肉體表達自我。

源頭能量只有**一個**，那就是聖靈。許多人稱之為神，但這個字帶有宗教意味，會使某些人感到厭煩。宗教的歷史把聖靈變成了一個蓄鬍的老先生，他會反覆無常地評斷和祝福人──但沒有比這更遠離事實的說法了。我記得修女在教理問答時說過，神**無所不在**。當然，我現在知道這是真的，但還是小孩的我，在當時所能想到的，就是一個在背後監視和評斷我的老先生（這可一點也不好玩）。

如今我瞭解了我是神，我的狗是神，我花園裡的每株植物、每隻昆蟲是神，我呼吸的空氣也是神。神這個字，因宗教涵義中一位與我們分離、且比我們偉大的萬能存在而承受了重擔。我並不相信那套說法。現在提到神的時候，我都盡量用一（One）這個字來替代。這個我組合的英文縮寫，代表「無所不在的滋養能量」（Omnipresent Nurturing Energy）。

當某人說「我相信神」或是「神已死」，接下來的對話必定會走向語意學或那人對神的定義。對我來說，神是一種能量，而我就是由那個能量構成。我跟神不是分離的，你看得見的任何東西也不是。

　　無神論是拒絕相信神明的存在。我並不信仰神明，但我不會為自己貼上無神論者的標籤。我信仰的是存在於萬物裡並賦予萬物生命的**愛的能量**。相信這個能量的人與相信舊約聖經裡的神的人，使用相同的字（神），這是我們為何會對此陷入混亂與衝突。

選擇與課題

　　當我們的靈魂受到聖靈或一的鼓勵，它會透過物質身體來表達自己。這個表達於是呈現在我們生活裡所做的各個選擇上。

　　看看周遭的世界，我們可以看見靈魂可以做出的各樣選擇與表達。沒有兩個靈魂是一樣的，但在內在核心，它們是相同的。所有的靈魂都有不同的人生經驗，而在某種程度上，這些經驗形塑了我們對人生的看法和不同的生活方式。每個靈魂都可以透過慈悲、包容、批判或是暴力的人生來表達自我。

　　這個物質世界是我們的教室，是讓靈魂經歷並學習「人類」經驗的地方。隨著我們的經歷，這些課程也形塑了我們。靈魂學完課題之後，它會回歸聖靈。靈魂離開這個物質次元時，它的聖靈能量依舊保持完好。

當我思考靈魂回歸聖靈，我常會想到《綠野仙蹤》那個好女巫葛林達。還記得好女巫在她的泡泡裡一直往上升的畫面嗎？把好女巫想成是你的靈魂，把聖靈想成你回家旅程中所乘坐的泡泡。靈魂會回歸聖靈的懷抱，而就如身體是靈魂的一種表達形式，靈魂也是聖靈的表達。

靈性的意義

經常有人問我，我的工作是否開啟了自己的靈性意識。當然是的。我不可能為靈魂傳遞訊息和分享它們與所愛之人的回憶時，沒有接收到愛的精髓。

但在此同時，我們也要注意一件很重要的事：只因某人聲稱自己是靈媒或能與死者溝通或預知未來的通靈者，並不一定就表示他或她是**靈性的**。靈媒能夠傳遞來自死者的事實與證據，但除非他留意其中的靈性能量，否則接收者不會收到「完整的」訊息。他／她得到的會是不完整的解讀，而且遺憾的是，過程缺少了交流的意圖與完整性。這對靈魂來說非常可惜，因為它希望確定所愛的人收到的不只是它們還存在的證據，而是完整的情感訊息（這有時比證明意識在大腦死去後仍然存在的證據還要重要）。

人們要如何知道他們正活出自己的靈性？他們需要意識到

自己正與一個比他們的性格還強大的力量校準，同時在事情的發展過程中有強烈的自我和位置感。他們是否有種能超越自身性格的「覺知」意識？

我的先生布萊恩對靈性有很棒的感測力。雖然他並非靈性圈的專業人士，他對「靈性導師」是否言行一致卻有很好的判斷。如果一位「靈性專業人士」在活動中當著數百名觀眾的面談論覺知，但後來大家一起吃晚餐時，那人卻對侍者無禮，布萊恩就會立刻結帳離開。他無法忍受說一套做一套的人。

向聖靈覺醒

我的畢生工作不只是向大家說明沒有「死亡」這回事，我的工作還包括幫助別人意識到他們的靈性面。當人們過著靈性覺醒與覺知的生活，他們的言行能夠改變他人的生命。就算不經意的善行也能改變某人的態度。以較大的規模來看，我所欽佩的老師的靈性意識——譬如朵琳・芙秋（Doreen Virtue）、歐普拉・溫芙蕾（Oprah Winfrey）與狄巴克・喬布拉（Deepak Chorpa）——就能改變數百萬人。

我聽過有人把全然被聖靈觸動的經驗稱為「高峰事件」（peak event）。這類經驗經常被描述為一種憶起什麼的超脫時刻；遮蔽的薄紗被掀起，真相進入了我們的意識。一個新的資

訊突然有了意義且似乎正確。歐普拉稱此為「啊哈！」時刻。

這些經驗就是靈魂提醒你真實身分的時候。當被聖靈充滿時，你感受到與每個人的連結與合一。你的靈魂會有一種喜悅與平靜感，並會專注於服務他人。

啟示＝在聖靈中

我很喜歡啟示這個詞。我經常告訴我的學生，得到啟示是真正的禮物，我也跟他們分享一些練習，幫助他們接收啟示或靈感。啟示的意思是「在聖靈中」，因此當人們與這個偉大的能量連結時，他們是充滿創意和沒有限制的。他們透過了靈魂跟聖靈調諧一致。無數的創新者、發明家、企業家與 CEO，都是用冥想來接通源頭的無盡智慧。

靈性能幫助你理解世界以及你是誰。它能讓你連結宇宙深奧且神聖的強大力量。無論你在人生中投注心力的工作是什麼，若你是受到啟示去做，你就是走在正確的靈魂道路上。如果你正在尋找世俗的成功、豐盛、內在平靜或開悟，那麼沒有任何知識會比靈性知識更能驅策你達成目標。

我希望本書能啟發你去探索自己內在的靈性知識。你可以成為一位博覽群書的靈性學者，但除非你在日常生活中應用

愛、慈悲與同理的觀念，否則所有讀過的書都是徒然。

在《未竟之事》一書中，我談到我如何深受海倫·凱勒（Helen Keller）故事的吸引。我把她的人生看作是靈性覺醒的象徵。海倫從嬰兒時便又聾又瞎，終其一生都活在黑暗與寂靜裡。她的老師安妮·蘇利文（Annie Sullivan）受海倫父母之託，試圖打破那難以克服的障礙。安妮跟海倫用手語交談，努力讓海倫了解她的手勢所代表的特定事物，像是「洋娃娃」或「蛋糕」。當海倫終於在抽水泵浦旁瞭解到安妮的手語所拼的「水」字，那真是個激勵人心的時刻。如果你還沒看過由安妮·班克勞馥與珮蒂·杜克主演的電影《海倫凱勒》（*The Miracle Worker*），我強烈建議你看看這部片子。

在電影的尾聲，安妮在海倫的手裡拼出：「我愛海倫。」第一次看到這幕時，我心想：呀！能連結手語和一個實際物體是一回事，但要連結像愛這種無形的概念，有可能嗎？如果海倫無法實際碰觸到愛，她究竟要如何不只是理解，還能去**實踐**它呢？

當然，海倫勇敢面對並克服了挑戰，成為我最喜歡的啟蒙導師，但從一個活在黑暗寂靜中，必須完全仰賴他人生活的孩童，到一名激勵人心的代表性人物與了不起的靈性哲學家的過程，這對所有人類靈魂的進化來說，都是個偉大的象徵。這是

一個充滿高峰事件的生命。

宗教 vs. 靈性

　　許多人問我，虔誠於宗教和虔誠於靈性的不同。我認為兩者的差異很明顯。宗教是一種人為的、組織化的信仰體系，由各種信條、教義、儀式與紀錄文件組成，而且通常（但不總是）以某個神為中心。如果人們信奉追隨一種特定的信仰，他們是相信這可以讓他們在另一個世界得到較崇高的位置。

　　相反地，靈性是很個人的追尋，是想找到更崇高的生命目的，以及個人存在於這個世界的意義。注重靈性或精神並不須涉及儀式，它可能是對某個神性源頭或上帝的愛，並學習在每個處境中運用這涵蓋萬物的能量。當你是靈性的，你會尊敬與愛自己，並且了解你與他人的連結。

　　我們有很多途徑可以做到仁慈對待自己與他人，以及心靈平靜的境界。我認識許多人自認為無神論者，但他們卻比某些靈修或信奉宗教的人更善良，反之亦然。重要的是構築出一個對你有效、能引導出最好的你，讓你成為最好的人，並能鼓勵你尊重他人的信仰。而正確的方式不是只有一種。我經常說，所有宗教都有部分的真相，但沒有一種宗教有所有的真相。因此我們應該以愛與接納的眼光來看待這世上各個宗教的神聖經

文。

我不喜歡的一個宗教性質是：有些人相信他們的方式是唯一的方式。遺憾的是，這世上的許多戰爭，就是出於某一特定信仰是神的唯一真言的觀念。「我們對抗他們」由此而生。

相對於宗教談許多關於神的事，靈性的概念則是**在我們的日常生活**中實踐跟神有關的崇高理念。靈性是非常個人的旅程，但終點都是一樣的，那就是愛。過去幾十年來大批從宗教組織出走的人，顯示了人們渴望能提出問題而不是被告知答案，能質疑教義而不致受到譴責，以及能自由地做自己而不被評斷。

我們的星球提供給聖靈的人類故事是如此多元，有些人希望每個人都跟他們一樣，實在可惜。人類雖有評斷他人的強烈渴望，但如果我們都能了解並尊重每個人有他自己的獨特道路，那麼地球不就會是一個更好的地方嗎？

第二章
意識、能量與思想的力量

　　正如海倫‧凱勒努力去定義她無法實際碰觸的事物，我們人類也一直掙扎於意識這個概念。對於意識是否為大腦的產物，或大腦是否只是已存在的意識的接收者，至今仍爭論不斷。當大腦死去，那個意識就不存在了嗎？還是即使大腦不再運作，它的能量仍舊持續？爭論的一方想要證據與測試，另一方則是直接接受那個能量不會消失。

　　身為靈媒的我所相信的並不會令人驚訝，由於我接通的是大腦死去很久後的意識，這對我來說無須爭論，因為我無法否認我確實經歷的事。

　　無線電接收器是個簡單的類比。它是一個由電線組成的複雜機器，但除非有無線電波，否則它只是個無用的盒子。在無線電接收器停止運作（或「掛了」）之後，無線電波仍然存在。無線電接收器所曾接收或傳送的一切，仍舊以能量的形式存在於外。

意識的奧秘

讓我們來看看這個定義：**意識**是「生命」（或存在）的覺察／覺知力，它感受到自己是一切萬有的一部分。這個感知時常在改變，因此意識有許多層次。在閱讀本書時，你會意識到你對頁面的感覺，你意識到你在瀏覽與吸收這些文字，意識到周遭環境的聲音與氣味，或許還有掠過你腦海的一、兩個不經意的想法。這就是此刻你的意識或覺察。而這些覺察若不是針對外在就是內在，也很容易就從這一刻流動到下一刻。

人類有史以來就一直想要定義意識，當然，對於它到底是什麼，也有許多理論與信念。但我不認為在地球上用我們的大腦去思考就能瞭解意識的實相。我們當然能知道些許，而且也會分享想法與有趣的假設，但在所有被討論與嘗試過的理論當中，它還是沒能被清楚定義。對人類來說，意識龐大到無法理解。

提升意識

當然，這不表示幫助我們提升意識的工具並不存在。我用的一個訣竅是畫一張摩天大樓的圖，然後把它貼在我的浴室鏡子上。我在不同樓層標上我有共鳴的情緒。例如，我的最低樓層標示的是**恐懼**，隨著樓層往上，我標上**愧疚、遺憾、接受**、

服務、喜悅、平靜、愛。

　　每天早晨刷牙或刮鬍子時，我會評估一下今天的情緒，看看我是在哪一層樓。接著，我努力往能抵達的最高樓層提升，試著在那層樓度過這一天。比如說，我看到我的臉書專頁或 YouTube 頻道上的一則無禮評論，我可能會對自己被誤解感到**遺憾**，但我有意識地決定去接受我在這個星球是為了**服務**，因為這帶給我**喜悅**。那麼當我刷完牙，我就已經讓自己感覺好多了。

　　我也會在冥想時使用我的摩天大樓影像。就像人們能透過靜坐降低血壓（正如對冥想的研究所證實的），我則是觀想我的摩天大樓，試著**提升**我的意識。

　　一開始的時候，先看看你的思想與行為是落在哪一層樓。很少人能一直停留在較高樓層，你也永遠不應以他人的標準來評斷自己。你的目的是提升自己的意識，而不是把這視為一種競爭。每個人的樓層會根據他們生命中的狀況而有所變動。我也使用這個觀想來幫助自己更了解人們的動機，以及為何他們會做出特定的選擇。

　　最重要的是，我們能**做**什麼來將意識提升到較高層次？

要記得，我們周遭的每一件事都能影響我們的意識層次：我們讀的書、聽的音樂、看的電視節目、我們交往的朋友，以及休閒活動。

試著畫一幢你自己的摩天大樓，寫下你個人的情緒。想像如果每個人在每個早晨都有意識地在他們摩天大樓的電梯按下「向上」鍵，這個世界會是什麼樣貌。

能量不滅

當我三十年前開始從事靈性工作時，我都會跟客戶討論能量的概念。我會告訴他們，一切都是能量，而且能量永遠在移動：在稠密物體裡的分子移動較慢；在輕盈物體裡則移動得較快。

幾十年前我提及能量的話題時，人們看著我的眼神就彷彿我說的是某種外星語言。而今，能量的話題已成了主流：

- 「我喜歡你！你的能量很好！」
- 「那個房地產經紀人帶我去看的房子風水不好。」
- 「在我去面談時，傳送給我一些正面能量吧。」
- 「你的男友給人一種毛骨悚然的感覺。」
- 「你付出的好能量將會回到你身上。」

• 「你也這麼認為？我們一定是在相同的頻率上。」

有關能量的理論跟科技的變化一樣快速，連專業人士都跟不上，更別說是一般人了。我當然不是科學家，因此我能告訴你的，就是我相信的：能量永遠不滅，但它可以改變形式。

我也相信量子力學與靈性最終將會聚合，我們一直以來所說的「神無所不在」將得到證實，而我們只是使用了一般人能理解的用語。

量子能量：科學遇上靈性

量子力學對能量有著有趣的說法。譬如，次原子粒子能同時存在於多個地方，而且不只遵循一條路徑。而既然我們認知為「真實」的一切都是由原子形成，同樣的法則便也適用於我們所稱的物質世界。

神性力量，也就是神，是真的存在，而且當然不是某個坐在雲端寶座上愛評斷人的蓄鬍老先生，而是瀰漫於萬事萬物，在每個人之內的仁慈能量。

能量的概念自人類有紀錄以來就有了。像埃及之類的古老文明會用能量來治療；翻開任何一本有關法老的書，你會發現

他們手裡拿著圓柱型的物體。這些圓柱體（有些由銅，有些由鋅製成）是人類兩種基本能量流的調和器，他們稱這兩種能量流為巴（Ba）與卡（Ka），相當於東方傳統的陰和陽。中國人標示出人體的特定能量點來進行強化與治療，這就是我們普遍知道的針灸。許多原住民傳統與薩滿也都認知到能量與身體在療癒上的關係。

現代科學尚未有可靠方法能偵測出這個能量，但像阿密特・哥斯瓦米（Amit Goswami）博士這樣的傑出人士，便是走在科學和意識匯流的尖端。哥斯瓦米博士被稱為現代量子理論之父，他也是相信靈魂次元存在的科學社群領導人物。若你尚未看過紀錄片《量子活躍分子》（*The Quantum Activist*），我強烈推薦這部影片。這是哥斯瓦米博士以靈性角度來解說看似無法解釋的量子實驗。

我個人認為，科學與靈性達成共識的困難是出在語義上。當某人說神這個字，另一人可能就會自動關上耳朵，認為那就是舊約聖經裡的神。如果我們能同意用某個字來代表「一切的能量」，一種不具有監督者或神祇含意的仁慈力量，那就太棒了。

哥斯瓦米博士對神的定義是「創造性面向的意識」。這是很好的定義，但我仍在等待能讓科學界與普羅大眾一起討論和

相互了解的說法。兩邊陣營都有極端分子對彼此劍拔弩張，夾在中間的我們則繼續納悶這一切紛爭所為何來。

察覺能量

我的感官很能察覺到能量。身為通靈者，我從見到某人的那一刻，就知道自己能否信任他／她。朋友會請我跟他們去找房子，因為我會知道那房子是否適合他們。身為靈媒，我必須將我緩慢的地球振動頻率提高一些，才能跟已脫離肉體的存在溝通，它們的振動頻率是很快的。它們必須降低振頻，然後我們在兩種頻率中間相會。（這就是 Medium「中介者」，即英文「靈媒」的意思。）

我曾說過不下千次：每個人都是某程度的通靈者。我們都能以預感、本能反應與直覺的形式來察覺能量。這個能力只需要練習就能發展。（冥想是第一步，我在本書後面也為你們寫了冥想指南。）我進行通靈工作所使用與接通的能量，跟你們的能量是一模一樣的。我只是在識別上的經驗比較豐富。

我在研討會中經常被問到的一個問題，就是關於「源頭」能量與「聖靈」能量的差別。我告訴他們，那是一樣的，但在肉體形式時，我們一般稱為靈魂。我用的一個比喻如下：想像「源頭」能量（也稱為宇宙能量、神和神性能量）是一片廣大

無垠的海洋。若有一部分的水被倒入一個水槽或容器（或人類），它仍然是一樣的水，只是比較受限。在人類身體死去後，那一部分的水就會回到它來自的廣大無垠的海洋。

思想的力量

所有能量都能根據我們的思想去改變它的特性，因為思想會影響並改變能量。

我們眼中所見的一切，一開始都是一個想法──思想是這世界的偉大畫家。身為靈媒，我已多次由直覺知道，地球上的所有實體物質，都是來自一個更高的心智層面。每一件藝術品、每一項發明與醫學新突破等等……最初都是在靈魂界域創造出來，最後以「靈感」的方式傳送給接收者。

客戶經常對我說：「告訴我母親我愛她！」我都會回：「你可以告訴她。她聽得見你說話。」靈魂在「天堂」或聖靈世界是非常有生氣的。它們居住在思想的次元，不但相互交流，它們也經常與仍在物質世界的摯愛親友溝通。

我們常會說：「我今天想到我父親。」或想到某人之類的話。我們以為是自己有那個念頭，但你有沒有想過，或許那是你所愛的人把想法銘印到你的意識，好讓你知道他或她就在身

邊？

　　你已經過渡到另一個世界的摯愛親友能夠非常清楚地聽見你的思想。如果某個思想是充滿愛，他們常描述那個思想有著繽紛的色彩；但若是出於恐懼，呈現的就是黑暗無光。

　　因此每次教課時，我給學生的第一個建議，就是要他們對自己創造出來的思想負起責任，因為思想是真實的，而且對他們生活的每個層面都有深遠影響。

　　人類很難相信「思想」是真實的事物，因為我們看不見。但我們知道空中有很多「波」在投射，例如聲波、微波與無線電波，這些即使我們看不見，卻對它們的存在視為理所當然。

　　當你有某個想法時，要知道，對於你想到的那個人的潛意識而言，這些思想就跟你拿起手機大聲說出來一樣真實。

　　對你的思想負起責任，因為它們並不只是你的。它們就跟箭一樣，會從你身上射到意圖目標的身上。這也是為何冥想這麼令人放鬆的緣故，你的弓終於可以休息一下了。

　　思想是創造性的能量，它們雕琢、創造與打造你未來的命運。此刻正閱讀與吸收這些文字的你所正體驗的生活，就是你

過去所有思想的總和。這是你以思想為自己所創造的實相（或說現實世界）。其中想法有些你記得，有些不記得。可是你不可能想的是一件事，活出的是另一件事。如果你想要和諧的生活，你的思想就必須是和諧的。

能量＋情緒

情緒是提供思想能量並讓思想專注的主要燃料。

我與聖靈次元溝通是透過思想，然而我所收到的最不可思議的訊息，都是帶有強烈的情緒／情感。當我在大型活動示範與靈溝通時，我並不從群眾裡挑人。我的指導靈與我一起跟想進行連結的已逝者溝通，而指導靈會被那些表現出情緒的靈魂吸引。

每個人都有指導靈。隨著我們在人間的情況和進展，指導靈也會改變。我們有：

- **個人的指導靈**，這是我們在物質次元就認識的人。
- **專精領域的指導靈**，這是基於我們目前正進行的特定活動而被吸引來的指導靈。
- **大師指導靈**，非常進化而且可能從未轉世到這個物質層面的指導靈。

在我進行靈媒工作時，通常與我一起的指導靈是哈利·奧德里奇（Harry Aldrich），他是一九三〇年代倫敦的一位醫生。還有張（Chang），他是我的大師，他已經很久沒轉世了。我的母親瑞吉娜也會協助我，她已於一九八〇年代離開物質界。

如果是像「我女兒就在觀眾席裡……我是從梯子上跌下來摔死的。」這樣的思想在解讀時進入我腦裡，它不會像「我女兒就在觀眾席……我生前一直沒能告訴她我愛她，但現在我想告訴她。」那麼令我有共鳴。思想有了情感會突然變得生動活躍，而我也會比較容易接收到完整的情感訊息。

你對一個想法投注的情感愈強烈，你所賦予它的活力與創造力也就愈多。如果你在帶有情感／情緒的思想背後加上動機與意圖，你就等於加了額外的推動燃料，使得它更聚焦。一旦熟練後，請投入最棒的材料：**愛**。

愛其實就是聖靈的能量——它滲入萬事萬物——但在這個物質次元，我們並非一直都在接通或使用那個能量。本書的目的就是幫助你了解：**顯化愛的能量，是你在地球上最重要的任務**。如果你是以愛來支持你的思想，那就沒有任何事能夠阻擋你。

你可以養成一個早上起床時的好習慣：創造一個意圖，然

後用愛把那個思想傳送出去。如果你養成了這個習慣，我保證你的人生一定會改變。（我在書裡放了一些肯定語句和冥想，你可以用在這個目的上。）

最後，我想在這個章節跟你分享的是：請把你的思想專注在你擁有的，而非你沒有的事物上。

如果你向宇宙送出的訊息是有所匱乏，宇宙一定會把你送出的匱乏擴大增強。無論你的焦點是什麼，宇宙都會提供。

神說「是」；小我說「不」（神總是肯定，小我總是否定）。要正面思考，因為正面思考更能與你的靈魂調和一致。負面想法則會帶來混亂與痛苦。

一天裡要多多提醒自己：往正面思考，並傳送正面的思想。

第三章
瀕死經驗、靈魂出體經驗、星光體投射與遙視

　　我們每個人對於自己是誰、是什麼，都有與生俱來的好奇心。我們會好奇為何自己身處於這個星球與來自何處，我們也同樣渴望了解自己死後會去哪裡。如果我們接受主張能量無法被摧毀的物理法則，那麼我們的能量到哪去了？離開了我們身體的能量，這個能量仍然保有記憶與情緒嗎？我們的個人意識沒有身體與大腦也能存活嗎？

　　自古以來，人類便一直思考這些令人頭痛的問題。理性的人會說：「我猜我到死之前都不會真正明白。」直到最近，我們才有許多曾經死去又回來的人敘述相關經驗的見證。我確定歷史上有無數人曾有過瀕死經驗，但還在幾年之前，他們並不覺得可以自在地講述自己的經驗，因為害怕被說成有妄想症、瘋子或騙子。

　　即使是伊麗莎白‧庫伯勒‧羅斯（Elisabeth Kübler-Ross）在寫談論失親之痛的劃時代著作《論死亡與臨終》《*On Death and Dying*》（一九六九年出版）時，也被勸阻不要收錄

談及曾「死去」又回來描述死亡經驗的病人章節，因為出版商擔心她會成為笑柄。雖然她不認為這是正確的，但終究還是排除了收集的瀕死經驗資料；她不希望這本談失親之痛的著作因為被許多人視為胡謅的內容而受累。

我們都有過靈魂存在於我們所知的空間與時間之外的感覺。事實上，已有上百萬人的靈魂曾經離開過物質世界，然後回來與我們分享他們在另一個次元的經驗。那個次元遠超過我們所能想像和理解，那裡遠為複雜、精細、美麗，並且充滿了愛。我常認為這就像是你從大溪地旅行回來，然後試圖跟你的貓解釋你的旅遊經驗一樣！

瀕死經驗

「瀕死經驗」（Near-death experience，簡稱 NDE）這個名詞，是雷蒙・穆迪（Raymond Moody）在他的偉大著作《死後的世界》（*Life After Life*）裡所創。隨著愈來愈多人能接受這個概念，現在媒體所報導的瀕死經驗也在大幅增加。不僅一般人，像是貝蒂・伊娣（Betty Eadie，編按：《靈魂出竅 4hr》作者）與我的朋友丹尼・白克雷（Dannion Brinkley，《天堂教我的七堂課》作者）寫的書受到歡迎，好幾位重要的物理學家與科學家也曾就這個主題寫過極為暢銷的書。其中之一是傑弗瑞・朗恩（Jeffrey Long）醫師（與保羅・貝利〔Paul Perry〕

合著）的《死後世界的證據：瀕死經驗的科學研究》（*Evidence of the Afterlife: The Science of Near-Death Experiences*），另一本則是伊本‧亞歷山大醫師（Eben Alexander, M.D.）的《天堂際遇：一位哈佛神經外科醫師與生命和解的奇蹟之旅》。

亞歷山大醫師是位美國神經外科醫師，他曾因大腸桿菌細菌性腦膜炎而陷入昏迷。在大腦幾乎停擺而不省人事時，亞歷山大醫師經歷了一種不同於典型瀕死經驗的體驗——我所稱的「典型」瀕死經驗是一種平靜、沒有痛苦的感受，感覺到一種無條件的愛，還有比我們早經歷死亡過程的摯愛親友前來迎接。與典型瀕死經驗不同的是，迎接亞歷山大醫師的是名陌生人，而非他剛過世不久的父親，或任何他認識的家人朋友。

恢復健康之後，亞歷山大醫師發現，在他瀕死經驗中出現的女子，事實上是他已於之前幾年過世的親生姊姊（他是被收養的）。他以前從未看過她的照片，康復後，他從照片中立刻認出她就是在瀕死經驗時引導他的人。

我覺得亞歷山大醫師的故事非常有說服力。當然，懷疑論者還是……委婉的說，他們還是懷疑。我沒有理由不相信亞歷山大醫師故事的真實性，但懷疑論者會讓你認為他只是為了出書賺錢而說謊。

首先，我認為對亞歷山大這位知名的神經外科醫師來說，說出他的故事恐怕是弊多於利；其次，身為一位神經外科醫師，他應該不是為了錢而出書。我想這個情況比較像是懷疑論者所經驗的「認知失調消滅」（cognitive dissonance reduction），這是指如果某事不符合你對世界該如何運作的既定思維，那麼**那件事**的重要性就會被消滅。也就是說，若某人從瀕死經驗中生還並描述死後世界，而你本身並不相信有死後世界，那麼那人要不是瘋了，就是在說謊，要不就是有某種科學或醫學上的解釋。

對於那些說「我無法解釋這件事」的人，以及立刻訴諸謾罵和卑劣行徑者，我對前者的尊敬遠勝於後者。我也非常驚訝地得知，對瀕死經驗生還者最嚴厲的批評，並非來自懷疑論者或科學界（這是可預期的），反而是宗教界的某些人士。他們相信，只有相信他們信仰的人，才能被充滿愛與慈悲的另一個世界接受。

我的瀕死經驗

我在二〇〇八年曾有過不可思議的改變生命的經驗，你也可以說那是一次小型的瀕死經驗，我在工作坊都會敘述那次經歷。

那時我到洛杉磯參加會議，在附近的餐廳吃了一盤沙拉。當晚在旅館我嚴重嘔吐，我意識到自己食物中毒，因此立刻開車回家，車程是九十分鐘，途中還幾度停在高速公路的路肩嘔吐。

我打電話給正在工作的布萊恩，請他回家照顧我，也打電話給我的醫生。她開了止吐藥，並告訴我補充水份就會沒事了。但止吐藥沒效。即使我什麼也沒吃，還是每小時都得衝到浴室吐光胃裡的東西。我告訴布萊恩和醫生，我的嘔吐物裡有血。他們兩人對我的陳述似乎都不太擔心，因為就食物中毒來說，這並不少見。我想當時我應該說得更具體一些，但處於生病狀態的我根本無法正確思考。與其說：「我的嘔吐物裡有血」，我應該說的是：「我吐的是血。」

最後一次到浴室時，還沒到馬桶旁我就昏倒在地。血湧上食道，從口裡吐出來，吐得地板上都是。布萊恩後來說，看起來就像謀殺案現場。不用說，他立刻撥了一一九。

於此同時，我突然跳出我的身體，往下看著這一幕。我有種在時間之外的奇特感受。我知道我不在自己的身體裡，但也知道我沒有死。當我盤旋在浴室的天花板時，我的表妹派翠西亞（她三十年前因自殺而死）也出現在上頭。我以心靈感應的方式問她發生了什麼事，她安慰我：「一切很快就會結束了。」

　　我的第一個念頭是：「派翠西亞，妳可以說得更明確一點嗎？妳的意思是，我的生命很快就會結束，還是這個經驗很快就會結束？」

　　派翠西亞消失了，我發現我的頭頂有條連接著某種織毯的絲線。我看得到如果我表現出恐懼，絲線就會把織毯變為陰鬱的顏色；如果我感到平靜，絲線也會改變顏色，織毯的色彩會因此較明亮柔和。我意識到我的織毯是與一個更大的矩陣相連，我也能感覺到所有人都透過他們自己的絲線連結著這個矩陣。我因此理解，在死亡的那一刻，我們能綜觀自己所創造出的織毯，看到我們個人的織毯是如何與更大的人類織毯融合並造成改變。（我過去從不知道有這個「織毯」，但從此之後，我便經常在每天的冥想用到它。當我們離開物質世界，我相信我們可以看見自己留下的是一幅藝術品，還是讓人類的織毯變得較不美麗。）

　　接著，織毯也消失了，我的眼角餘光瞥見遠方的一座花園，以及一個正在摘花的孤單人影。我朝他走去，隨著愈走愈近，我認出那個人影是我的父親（他已在那之前幾年過世），但他看起來大約只有三十歲。他對我微笑，伸手遞給我一朵花，然後說：「你的時間還沒到。」接下來我知道的，就是自己躺在浴室地板上，布萊恩正大喊著我的名字。

　　沒多久，急救護理人員抵達，我被送到醫院，後來診斷出我得了馬樂利—威斯撕裂傷（Mallory-Weiss tear）。基本上我因為食物中毒吐得太厲害，導致食道與胃的交接處黏膜撕裂，我的胃不斷注滿從黏膜流下來的血。只要吐出那些血，我就會感到舒服些，接著胃會再度注滿血，又讓我覺得噁心想吐，然後一再重複這個過程。我基本上就是一直在吐血。

　　在醫院住了七天，輸了很多血之後，我終於能回家了。要是布萊恩不在，我大概已經死在浴室地板上了。

　　還記得我在冥想時用來提升意識的摩天大樓嗎？我相信那個冥想可以影響我在瀕死經驗時看見的人類織毯：人們的思想越是正面、有愛心，他們個人的織毯就愈明亮鮮豔，結果就會使整體的人類織毯璀璨美麗。每個人都對自己的織毯有責任，而我們愈多人過著有意識的生活、愈能停留在我們摩天大樓的較高樓層，織毯也就閃耀出愈明亮的色彩。

　　經歷瀕死經驗之後，我做了一些研究。我發現生還者體驗到的，除了平靜與愛的感覺之外，很多人也看到一個交織著光的「網狀」矩陣存在於他們上方與周圍。我認為這個矩陣可能就是通常被提及的**阿卡西紀錄**，它是曾有過的每一個思想、行

動、情緒與經驗的能量印記。它有時也被稱為「集體意識」或「生命之書」：每個靈魂與其旅程的振動紀錄。每個人都有進入阿卡西紀錄的力量與權利，因為身為靈魂，**我們就是那個紀錄**。

美國神秘主義者愛德格‧凱西（Edgar Cayce,1877-1945）能夠運用他的潛意識接通阿卡西紀錄（也就是無數人的潛意識），並透過他的客觀心智詮釋，而達到療癒他人的效果。換句話說，凱西能進入一種自己誘發的類似睡眠狀態，接通宇宙心智的智慧，並給出許多已幫上無數人的療方（即使他沒有受過任何醫學訓練）。

絕大多數瀕死經驗生還者的共同意見是，他們無法否認自己的意識能在身體外存活；能保持完全的清醒與覺知，卻不在身體裡，這怎麼說都是個改變人生的經驗。人們重新調整生活裡重要事項的順序，變得更有愛心、更積極，也更願意付出。跟有瀕死經驗者生活在一起的人，也會不禁改變自己，因而也共享了瀕死經驗的益處。

好消息是，不需要死而後生，任何人都能得到這些益處，因為瀕死經驗的形式之一是靈魂出體，而這可經由練習與訓練來辦到。

出體經驗

　　「出體經驗」（也稱靈魂出竅，out-of-body experience，簡稱 OBE）這個名詞，最早是由喬治・泰瑞爾（George N. M. Tyrrell）於一九四三年提出，之後並記錄在他的著作《幽靈》（*Apparitions*）裡，但讓這個名詞廣為人知的，則是羅勃・蒙羅（Robert Monroe）。

　　蒙羅原本從事廣播工作，一九五六年，他對聲波模式如何對意識層面產生影響感到興趣，因此成為在睡眠時「學習」領域的先鋒。（如果你的青少年時期跟我一樣，你可能也有幾卷放在床邊的卡帶，有關於「豐盛」、「激勵」與「減少壞習慣」等主題。在睡前會把它們放到錄放音機裡播放。這就是蒙羅留給後人的遺產之一。）

　　蒙羅後來也成為他自己實驗的測試者。他在研究期間經歷到一種意識脫離並與身體分開的狀態。這個自然發生的情形大幅改變了他的研究焦點。他描述這種狀態為一種「出體經驗」，於是一個意識研究的新領域就此誕生。

　　一九七一年，他出版《出體旅程》（*Journeys Out of the Body*）一書，至今仍是出體經驗的「聖經」。他持續研究與調查這個現象，之後在維吉尼亞州設立了一個名為「蒙羅學院」

（The Monroe Institute）的中心。許多學生基於各種原因去蒙羅學院上課，包括：創造生命中的目的與意義、探索時空之外的意識、開發個人的療癒潛能等等。

　　該學院教授的課程當中，有一門課我覺得很有意思，叫做「生命線」。我第一次知道這門課是在看人物傳記頻道（Bio channel）一個名為《未解之謎》（*The uneXplained*）的電視節目時。受試者不只要學習在身體之外旅行，還要指引那些已離開物質界，但尚未完全過渡到星光次元的靈魂。這理論是基於一個前提：有些失落的靈魂因振動頻率太慢，而無法「看見」在旁監護和陪伴的靈體（它們的振動頻率快得多），這時就需要一個以較慢頻率振動，正經歷出體經驗的人類，來協助指引那些被困住的靈回到光中。這也稱為靈魂救援。

　　許多人曾有過自然發生的靈魂出體經驗，但這些經驗是可以訓練並學習控制的。大多數人能夠發展出啟動靈魂出體的能力，許多人也會發現自己的其他心靈能力因此增強。練習出體經驗的益處非常多，包括：

- 深刻感受到「知道」與「相信」
- 獲得與個人有關的答案
- 減少對死亡的恐懼
- 經歷前世

- 接觸不具形體的存在體和指導靈

　　啟動靈魂出體有種種方式，但最常見的是介於有意識和睡眠之間的放鬆狀態，這同時也涉及離開身體的意圖。**意圖**在此是關鍵字，因為你可能是為了某個特定原因而想要離開身體。

星體投射

　　就我所理解，出體經驗是意識在任何時候離開身體時的通稱。**星體投射**則是出體經驗的一種形式，但其顯著的特點是旅行到其他次元。如果你正從房間的天花板看著你的身體，那是出體經驗，但如果你是旅行到了較高界域，那就是星體投射。你要出體的意圖是前往名為「星光界層面」這個最接近地球的次元旅行，據說那是靈魂在身體死亡後前往的第一個層面，或經歷瀕死經驗時去的地方。當靈魂進入這個層面，其中的顏色、聲音與情緒，都跟我們在地球上經驗的大不相同，因此瀕死經驗的生還者都無法用言語形容。

　　進行星體投射的人透過一般所稱的「銀線」與他們的身體相連，這就像是進行太空漫步的太空人身上的繫繩，也或是臍帶。在瀕死經驗的過程中，你的靈魂跟身體是相繫的，如果那條線斷了，就回不來了。但在有意識的出體經驗或星體投射時，你不用害怕銀線會斷掉。只有在瀕死經驗時，如果人類身

體被釋放了，那條連結才會被切斷。

夜晚處於睡眠狀態時，我們的星光體（透過銀線連結）會自發性地旅行到星光界。我們可以拜訪已過渡到另一個世界的摯愛親友，也可以向我們的指導靈與靈界老師尋求諮詢。「讓我回家睡一覺，明天再說。」這句話的意義在此昭然若揭。

如果我們正經歷人間的一些困難，睡眠如何能幫助我們做出對問題的適當決定呢？當然是透過我們從星光界存有們那邊得到的建議。在我們早上起床後，意識心並不記得那些造訪，但我們的潛意識所接收到的建議，似乎讓決定變得較容易。有時我們醒來會記得與已逝的摯愛親友在夢裡的互動，這也會帶來很撫慰人心的效果。

為了能有意識地進行星體投射，我們必須覺察或是知道在這個三次元的世界（也就是我們以人類身體經歷的世界）之外，還有一個我們的星光體可以造訪的地方。星光體是人類身體的精確複製，但它的能量並不稠密，我們能在意識清晰的狀態下以星光體旅行到其他次元。要熟練星光體投射需要很多練習。冥想、放鬆、意圖和沒有恐懼是關鍵。

許多人問過我，像迷幻藥之類的藥物是否能引發出體經驗。我沒從用過迷幻藥，那不是我能安心推薦的方式。但我確

實有過喝死藤水的經驗，那是由在亞馬遜雨林發現的某種特定植物與藤蔓的葉子（含有一種口服後讓死藤水發揮功效的物質）混合煮成的茶。

那是在一個儀式的場合，我跟幾位經驗豐富的薩滿一起，所以感覺安心。我那時帶領一個穿越巴西（我很愛的一個國家）的靈性旅行團，我們被「山托迪亞美」（Santo Daime）宗教的領袖邀請，參加一場會使用死藤水，或稱祖母草藥的儀式。

在我能推薦給任何人之前，我決定刻意離開旅行團一天，獨自去體驗那個儀式。儀式持續了八小時，其中不只喝死藤水，還有打鼓與吟誦。那些宗教領袖知道我是來自美國的知名靈媒，於是邀請了幾位巴西靈媒跟我坐在一起。我有了一次非常深刻且富洞見的經驗，但體驗過後，我知道我只能推薦給我的極少數旅伴。那不是適合每一個人，尤其喝了之後會有許多的淨化反應——包括身體與情緒。

回到美國，我研究了死藤水，發現它含有二甲基色胺（dimethyltryptamine，簡稱 DMT），這是松果體自然分泌的物質。如果在控制劑量下攝取，它可以產生意識離開身體的效果。有一本有趣的書就以此為主題：《DMT：精神分子》（*DMT:The Spirit Molecule*）（它還有同名的紀錄片），作者是里克‧斯特拉斯曼（Rick Strassman）。超級好奇的電視節目主

持人與喜劇演員喬‧羅根（Joe Rogan）也在他向來有趣的播客節目《喬‧羅根經驗》（*The Joe Rogan Experience*）裡談過DMT。一位英國作家，葛瑞姆‧漢卡克（Graham Hancock），曾經在一場TED演說談及意識與他的死藤水經驗，而TED團隊把那支影片從YouTube撤下時，還引起了一陣很大的騷動。一方的人大喊這是影片審查，另一方則說那場演講是偽科學——雙方爭論非常激烈。

　　DMT在絕大多數國家是非法的，對星體投射有興趣的人，我會建議聯絡蒙羅學院的網站，而不是尋求迷幻藥物。

遙視

　　蒙羅學院也有遙視課程。遙視能讓感知者（即遙視者）描述或說出一個因距離遙遠，普通感官無法觸及的對象的細節。

　　時間回到二〇〇二年，我那時主持一個叫《來世》（*Beyond*）的日間電視節目，有個機會訪談一位遙視者並讓他接受測驗。我們把節目的製作人之一送到一個秘密地點，扮演「目標」。那位遙視者則帶著紙筆進入一個房間三十分鐘，他要畫出出現在他腦中的任何形狀與／或寫下任何描述或印象。遙視者只知道對象的名字，沒有別的資料。

在三十分鐘的沉默之後，那位遙視者回來了，他向觀眾和我展示他的成果。他畫了一張樓梯的圖並說那樓梯一直在動。他寫下那裡有水，水也在動。在「目標」的左邊，他畫了一連串的三角形，其中點綴著圓圈。

他完全正確。製作人在一個購物廣場，坐在一個景觀的瀑布與一棵上面點綴著圓形裝飾物的聖誕樹中間，正看著手扶梯上的人們。我當時確實印象深刻。

一九七〇年代，美國軍方資助一項調查遙視者能對秘密計畫增加什麼貢獻的專案。這在當時是最高機密，直到最近才被解密。該計畫為「星門計畫」（Stargate Project）。在一九九五年宣告失敗後，便正式終止運作。然而，計畫的參與者有不同的意見，他們說計畫結束是因為受到嘲諷。這就像庫伯勒．羅斯醫生的出版商立場，任何因帶有超心理學而被汙名的事物，都因太具爭議性而無法得到支持。

遙視與出體經驗之間的最大不同，在於遙視是一種經控制的意識轉移，是在意識清醒的狀態下進行。遙視者完全清醒且有反應，並負有接收遠方地點相關資訊的任務。當進行遙視時，你一半的意識與你一起，另一半則到目標所在位置蒐集資訊。這是一項技能，只要有耐心並加以練習，任何人都能達到這樣的成果。

只有當你開始往內心看，並試圖與看不見的世界連結時，你才能開始理解你靈魂的真實樣貌。如果你勇敢往內看，並傾聽靈魂的聲音，生命的奧秘並不似看起來得那麼神秘。

　　遺憾的是，我們對實相的感知能力被我們的個性自我過濾掉了。我們變得迷失，只基於五感來評斷一切。

　　當我們看著周遭的世界，可能是我們的眼睛在看、耳朵在聽種種一切，但卻是我們的靈魂在記錄、記憶與歸類每一個經驗。如果你訓練你的頭腦用愛、包容與付出去理解這些經驗，你就是在為你靈魂的健康與進化提供適當的養分。

　　學著不要用評斷與偏狹的垃圾思想來餵養你的靈魂。若你認為自己是「有靈性的」，那麼活出有覺知的人生工具就很明顯了。然而，光是**知道**那些工具並沒有任何意義，除非你練習使用它們。

　　如果你不知行合一，這世上所有的靈性知識也都是徒然無益。

第二部

靈魂的家

第四章
死亡：回家之門

　　在地球上的每一天，我們的靈魂都有著一個身體，而這個身體的細胞持續在生長、死亡與改變。沒有身體，靈魂無法在物質次元運用寶貴的時間學習與進化。一名深海潛水員需要保暖的潛水服，需要氧氣瓶、指南針與鬧鐘才能在海底深處漫游，靈魂也一樣需要**身體**來完成在地球上的任務；而就像潛水者的氧氣瓶終究會用完，我們的身體最後也會停止運作。

　　潛水的人不會把在水底的全部時間都用來煩惱氧氣何時用盡，他知道這遲早會發生，因此只是盡情享受水面下令人驚嘆的景象。他可能潛得很過癮，或碰巧看見一艘有趣的沉船，但當鬧鐘一響，就是該浮出水面的時候，別無選擇。這當然不表示他之後不能再回去，氧氣即將用盡只是潛水經驗的一部分。他在浮上來後，可以快速換上新的氧氣瓶並潛回水中，也可以躺在船上回想剛剛的經歷。

　　在歷史上，人類向來把死亡視為一件應該害怕的事。這是出於對未知的恐懼。然而，我們就像是帶著有限的氧氣身處深海，擁有無限智慧的神將會喚醒我們對實相的覺察。我們之所

以害怕是因為我們不知道在海平面之上的，才是真正的實相：
那是我們真正的「家」。

我們會跟許多朋友一起潛水，當他們的氧氣耗盡的時候，
他們就必須離開。我們當然會想念他們，但當我們的時間一
到，我們就會在上面看見他們。朋友們最不希望的，就是我們
用餘生去哀悼他們不在身邊。如果要活得平靜安心，並在死亡
來臨時坦然接受，我們就必須先面對自己是如何看待「死亡」。

死亡只是改變

莎士比亞的劇作《皆大歡喜》（*As You Like it*）中，有一段
獨白是這樣開始的：

世界是座舞台，

所有男女都只是演員：

各有其出場和入場；

每個人皆扮演許多角色……

我非常喜歡這幾句話，也想以此進一步說明。

每個「演員」在上場前，都選擇了要扮演的角色以及跟自
己一同演出的對象。這些共同演出者在離場之後，仍然會從後

台觀看我們，為我們加油並支持精彩的演出。當輪到**我們**離開舞台時，他們會在舞台邊迎接，然後我們一起繼續觀看那齣戲，為其他的演員同伴鼓掌，直到他們也到後台加入我們。接著，大家會一起決定重新進場演出的最佳時刻與扮演的角色。

　　所有的一切都是過程。學習把死亡看作「改變」而非「結束」，這是身為人類的我們必須接受的最困難過程之一，但這個改變是為了活得更好──如果人們真正了解死亡，死亡會是件他們期待和慶祝的事。

　　每次布萊恩跟我去參加追思禮拜或葬禮，他都很難感到悲傷。他當然能體會哀悼者的心情，但他說他對死者的情緒比較像是嫉妒。別誤會我的意思──他不是心情抑鬱或有自殺傾向；他只是比較想待在**家**甚於待在**學校**。但他很高興能在此學習他的功課並對其他學生友善，只是他同時也很期待回「家」。

　　我也很期待自己回「家」的那一天，但我在地球的任務還沒接近完成的階段。我知道我的使命是改變人們對死亡的認知：以實例說明死亡只是個「改變」，而我們的靈魂會繼續活著。

✡

一九九〇年代初期，我曾有榮幸跟史上最棒的物質靈媒之一萊斯利·福林特（Leslie Flint）同坐。物質靈媒跟我的不同處在於他們能操控能量，使能量在物質世界顯化，像是顯現出靈魂的形態、溫度的改變與聲音。在測試條件下，萊斯利能製造出一種稱為**靈質**（ectoplasm）的物質，在空中形成一個人為的喉頭聲帶。許多不具肉體的生命，包括我母親，都曾利用這個喉頭來說話。有人曾描述靈質是一種薄薄的乳白色物質，會從某些靈媒身上的孔竅（通常是鼻子、嘴巴與耳朵）散發出來。

在其中一場降靈會（可在萊斯利教育信託基金會的網站上找到），一位英國知名女演員艾倫·泰芮（Ellen Terry）表明身分後，萊斯利問艾倫死亡像什麼，艾倫透過那個喉頭說：

我要對所有可能聽到的人說，不要害怕從你們的世界跨越到這個世界。這是個很棒的冒險，是進入一個更偉大世界的偉大覺醒，這個世界充滿了愛、美麗的事物，以及自由的思想。它確實是一個靈性的世界，但不是像人類所描繪的那樣。它真的非常、非常不同，充滿了生氣與活力，如此巨大，可以說……它超越了人們對事物的想法，以致無法被描繪或敘述。你只能感覺它、知道它和感知它。它是如此浩瀚而美好。

別害怕在你們的世界死亡而來到這裡。無論你可能會進入

怎樣的狀態，不論多低階，它都是反映了你的世界，它是根據這裡和你死去時的狀況而定，尤其是根據你的靈魂進展，因此你總是會來到適用於你，並且最適合你的環境。

過渡到另一世界的過程

接受「死後生命」的信念並且不恐懼過渡到死後世界，跟了解這個過程是截然不同的。

靈魂經歷死亡是什麼樣的感覺？

肉體經歷的死亡形態會決定過渡到另一個世界的細節。例如，若死亡的時間很快，像是致命的心臟病發、車禍、槍擊或動脈瘤破裂，過渡的過程也會結束得很快；靈魂幾乎不會察覺到它的發生。不過，如果靈魂是緩慢地經歷身體的疾病或逐漸惡化，它可能會根據惡化的狀況而經常進出身體。如果身體無法再提供靈魂的需要，現在的醫學界已發展出針對這種特定情況的處理方式，而我相信，我們應該毫不猶豫地採用這個選項。

布萊恩的母親於二〇〇九年有過一次心臟病發，急救的護理人員成功讓她恢復了心跳，但之後的檢查顯示，她的心跳從停止到恢復之間相隔太久，以致大腦受到無法逆轉的傷害。她

的家人們同意移除她的維生系統，醫生為她施打了兩天嗎啡，以紓緩她過渡的過程。

我毫不懷疑布萊恩母親的靈魂在她倒地的那一刻就已離開身體，但銀線是直到醫生進行了人道介入後，才完全被切斷。對有些人來說，不幸的是，他們在死亡前，身體會承受疼痛，但是每個靈魂離開身體的過程卻一點也不痛苦。

生存的意志

人類是驚人和複雜的動物。人們有非常強烈的生存欲望，當靈魂離開這個星球的時刻到來，他們通常都會抗拒。這個原始的生存本能在每個人的體內流動；我們的內在具有這股生存的動力。我們也經常會讓自己進入「保護模式」，認為自己能控制自己的生死，而事實上，當我們試圖緊抓著生命不放時，我們便違背了自然的韻律並造成抗拒，因而產生內心的衝突。

我在協助垂死之人時發現，有些靈魂在生命裡總是要藉著隨時掌控一切來證明一些事。當生命到了尾聲，如果事情不在他們的控制之內，便會盡所能地緊抓著生命不離開，而不是就這樣放手。

當他們認為自己可以控制，或是不認為自己會死時，這時

他們的靈魂確實會幫助他們放手。對靈魂來說，覺悟到它並不是那個身體、小我、限制、思想、人格等等的時刻一定會到來。然後那個人就會準備好接受他靈魂本質的真相，瞭解到靈魂事實上是無限的，而且是一切萬有的一部分。

很多人很難放下他們認為是真實的事物；他們很難放下這個身體、這一生，因此靈魂往往需要被鼓勵或得到同意以便離開身體。

我父親在二〇〇四年過世之前，在醫院裡陷入昏迷。醫生們給了他大約四小時的時間。所有的家人都在醫院，預備跟他作最後的告別。一個接一個地，我們每個人在他耳邊低語，並要他放心地離開這裡到另一個世界。

如果你有過這種經驗，你就會知道這是一個人一生中必須做的最困難的事之一。我是最後一個跟他道別的。在跟他說話時，我強烈感覺到父親的部分靈魂已離開身體，就在他的頭頂上方。

我不斷告訴他離開沒有關係。我聽見他在我腦子裡用心靈感應的方式說：「在你們這些孩子全部同意不會爭奪我的房子之前，我不會離開！」我很震驚，於是轉身告訴兄弟姊妹們。我的妹婿小傑還開玩笑說，「那我們全都得換電話號碼才能滿

足爸爸的願望了。」

　　我們都笑了。大家都有共識不會去爭他的房子，我也這麼告訴了父親，不到五分鐘，他就去了另一個世界。我們找來醫生，看得出醫生很驚訝父親這麼快就離開了。

　　這個故事要附加說明的是，我父親終其一生為他的房子付出很大的心力。對他來說，那就是一切。那幢房子某種程度也反映了他這個人、他的堅持，以及他一生的成就。他對自己能買下那幢房子是如此驕傲，以致心理上已跟它緊密相繫，因此它當然是他在物質界生命的重要連結。我們後來把房子賣了，新屋主把它整個拆掉，重造了一幢新房子。

　　我對父親在天堂可能會怎麼想感到難過，他或許會覺得我們沒有保護好他的房子。但後來，有一次在紐約的火車上，我清楚聽見他跟我說：「你為什麼要這麼難過？那是我的房子，我住在裡面，在那裡創造了回憶，而現在我不再需要它了。我寧願帶走那些回憶，讓別的人去創造一幢新房子與新回憶。」

黛比‧福特

　　另一個對我的生命與工作有深遠影響的經驗（也是我想寫本書的原因），和黛比‧福特過渡到另一個世界的過程有關，

這點我之前曾簡單提到。九〇年代初期，我跟黛比在舊金山的一場會議相識。她的妹妹艾耶兒在那次的會議裡演說，結束後黛比和我在一家餐廳共進晚餐、熟悉彼此。她告訴我她的人生故事，包括毒癮、失敗的親密關係，以及她自我價值低落的問題。我告訴她，她需要寫一本書跟世人分享她的故事；這會幫上無數深受相同情況所苦的人。

接下來的事大家都知道了。她寫了《黑暗，也是一種力量》這本書，並且受邀上《歐普拉秀》，成了炙手可熱的「自我成長」類作家。她之後寫了多本暢銷書、到世界各國演說、成立基金會，並獨力改變了我們對自己陰暗面的看法。

但對我來說，黛比永遠都是黛比。即使有了突來的盛名，她也從未忘記她的朋友，大家經常談到她一直保持那麼「真」。但人生總有高低起伏。很少人知道黛比得了一種非常罕見的癌症，而且已經抗癌多年。少數知道她病況的人，常會聽到她在研究不同的治療方式，她總是對某種新療法能產生效果抱持希望。她從未放棄希望。

二〇一一年，我在曼哈頓進行演說期間，有人來敲我住宿的飯店房門。我一開門，黛比就站在那兒，看起來如往常一樣美麗又頑皮。她邊跳進房間邊大叫：「嗨，寶貝，我好想你！」

　　我們聊完近況後，黛比說她有件事想問我。我們坐了下來，她開口道，「詹姆斯，如果我的生命已到盡頭，你會幫助我過渡到另一個世界嗎？」我嚇了一跳，但說話的是黛比，因此我對她的驚人之語不該感到意外。

　　「是啊，當然。如果我有能力，我會願意為妳做任何事。」我告訴她。

　　感到放心後，她跟我道謝，然後就突然轉變話題，開始說起她要寫一本新書，書名想定為《勇氣》，於是我們便聊起這件事。她離開飯店房間後，再也不曾提過跟她的死亡有關的事，即使我們都會定期通電話聊天。

　　那天是我最後一次見到黛比。

　　後來我們兩人的工作與旅行行程一直無法有機會同時在同個地區碰上面。

　　二〇一三年初的一個深夜，我接到一位共同友人喬治的來電。他一向活潑開朗的聲音變得低沉而嚴肅：「我在黛比家。情況看來很不好，她想跟你說話。」

　　我驚訝地意識到她生命的盡頭這麼快就到了。喬治把電話

拿給黛比，我聽見一個非常低沉微弱的聲音：「詹姆斯，我想就是今晚了。我已經準備好要走了。」

我好震驚，開始哭了起來。心裡知道這就是她在紐約的飯店房間跟我說過的時刻，而我必須要協助她的過渡。我告訴她：「我愛妳，黛比。我在這裡。如果妳覺得迷惘，想想我，我會在這裡。我跟妳同在。我們可以用思想交談。」

她變得愈來愈虛弱，幾乎無法回答。「真的嗎？好。我也愛你。再見了。」喬治拿回電話並遞給黛比的妹妹艾耶兒。我請艾耶兒要黛比想像自己是一片羽毛，隨風飄飛，並且請艾耶兒持續用意念送給黛比那樣的影像。艾耶兒跟我保證，有任何情況都會打電話給我。

好幾個小時，我都在等候電話。我不斷想著黛比，但我無法用思想跟她溝通上。我知道她還沒走。

我打給艾耶兒詢問情況。她告訴我，她整晚都陪伴她姊姊並已經跟她道別。艾耶兒說每個人都很訝異黛比還堅持著沒離開，連安寧療護的護士也從未見過病得這麼重的人卻還如此堅強地撐著。艾耶兒知道這就是黛比；等她沒有了問題、準備好了的時候，她就會走了。艾耶兒問我是否能幫點什麼忙，我告訴她我會盡力而為。

掛掉電話後，我讓布萊恩與狗狗們待在樓下。我把自己關在臥房裡，我躺在床上，開始冥想。隨著冥想愈來愈深入，我將注意力集中在黛比身上，我開始很清晰地看見她的臉。她看起來彷彿是三十出頭，當我呼喚她的名字，她直視著我並露出微笑。

我在心裡對她說：「黛比，怎麼了？妳為何不想離開？有人在等妳呢。」

她很快地辯解並大喊：「我是個母親啊，詹姆斯！」

我告訴她，她的兒子小博會沒事的，他在念大學，家人會照顧他。

她垂下大而無邪的雙眼說：「死亡好陌生；就像有人給了我一把新車鑰匙，但我不知道要怎麼開。」

這完全是黛比會說的話。她接著說了我此生永遠不會忘記的一段話：「這些年來，我一直太關心教導人們怎麼活，結果我現在卻連怎麼死都不知道！」

我笑了，知道事實確實如此。我在意識中開始看到她的前世一幕幕掠過，我心靈感應地看到所有她死亡的場景。她曾是

位戰士、將軍、首領、女祭司⋯⋯每一世她都是因她的信仰而遭到殺害。由於她這一世的過渡就要發生，我感覺黛比也知道了這些前世。我看得出來她內心很矛盾與抗拒。

在我確定她把注意力放回我這邊時，我在心裡跟她說：「黛比，那些都是過去的經驗。妳現在只要往上看，然後想像一個金色的簾幕。」

「你確定嗎，詹姆斯？」她問道。

我說：「是的，然後去找妳的父親。他和妳幾位邁阿密的朋友在那裡。去找他們就對了。」

我看見的影像令我想起《綠野仙蹤》裡躍上黃磚路的桃樂絲，但畫面裡不是桃樂絲，而是美麗、親愛的黛比再次回頭看著我，然後微笑。

當我完全回到自己的意識後，我走下樓，布萊恩正在看電視。我告訴他剛剛發生的事，我們相擁而泣。

突然間，房間變得好冷。布萊恩說：「你樓上的門沒關嗎？」

我只能對布萊恩說：「是黛比！」

向來務實（以及徹頭徹尾的處女座）的他跑去看是哪裡的門沒關好，回來之後，他說：「每扇門都關著。你是對的，一定是黛比。」寒意慢慢消失，隨之而來的，是感激與完整的感受。我止不住哭泣，直到被電話鈴聲打斷。我接起電話，是艾耶兒。

「黛比走了。」我告訴艾耶兒我知道，因為她剛剛來看過我。

她終於自由了。

那個晚上，按理說我應該很難睡得著，但不知為何我卻睡得很沉。大約清晨五點的時候，彷彿有人用支長柄大錘在敲我的頭似地，我整個人醒過來。我睜開眼睛，黛比在我的腦袋裡，她要求我到電腦前。我衝出臥房，跑到工作室，打開電腦，開始寫下黛比告訴我的每一個字。

她不斷說著：「我自由了，詹姆斯！我好自由！我真不敢相信我對自己的身體有多執著！我在想什麼？真是太瘋狂了！」這段話讓我覺得太有趣了，因為任何認識黛比的人都知道，她非常在意她的外表，總是要讓自己看起來是在最佳狀

態。

「告訴所有人，別那麼專注在物質事物，」她繼續說，「這會讓你在生命盡頭時更難放手。告訴大家，作為一個靈魂，你屬於『合一的整體』的一部分。」

我在工作室裡又哭又笑地待了兩小時，把 e-mail 寄給她的家人與朋友，因為她要求我把她的想法分享出去。

黛比・福特是偉大的靈魂，她希望其他仍在體驗人類經驗的靈魂明瞭，他們是偉大的**靈魂**，不要等到了死去才明白這一點。

我們所愛之人在等候著

我知道黛比過渡到另一個世界時，第一個迎接她的是她的父親。在聖靈那一邊的生命，會心靈感應地「知道」我們即將歸去。

我父親生病前做過一個跟我過世多年的母親有關的夢。母親在火車上，看起來非常年輕美麗。她邀請父親登上火車，他答應了。「她只要我上火車，沒邀請你。」他後來描述那個夢境時這麼告訴我。

布萊恩的母親過世後，他父親發誓在廚房看見自己的媽媽走過身邊（她死於一九六五年），並對他招手示意要他走出大門。布萊恩的父親在那次的探視後不到一年就過世了。

你在物質層面認識，但已過渡到另一個世界的靈魂，在你的時間快到時都有任務要執行，譬如幫助你的過渡，或是創造一個令人愉快的環境，歡迎你的到來。即使是我們所說的突然或預料外的死亡，例如意外或謀殺，聖靈那邊的世界都事先知道。指導靈、家人和老師總是會清楚那個靈魂的情況和進展，也會在靈魂回家的過程中帶領它。

你必須知道，**沒有一個靈魂是獨自過渡到另一個世界的！**另一邊的靈魂在你回去的旅程中會非常細心照顧和關心你，它們已做好充分準備，並為你進入它們的世界感到興奮，這就像是場「歡迎回家」的派對縮影。

臨終經驗

無論人類是怎麼想的，當死亡那刻到來，靈魂離開身體時，是絕對不會感到痛苦的。這個過程非常自然，而且經常被形容為「退潮」。許多護理人員、醫生與家庭成員都曾敘述垂死病人如何突然睜開眼睛，顯然一點都不覺得疼痛地伸出手跟已逝的摯愛親友說話的故事。他們甚至還會描述「另一個世界」

有多麼美麗。

　　歷史上也有文件記載一些非常知名的人物，在臨終時刻突然變得清醒，並在離開人世前說出他們的經歷的案例。德國詩人席勒（Friedrich Schiller）的遺言據說是：「許多事都變得一清二楚。」愛迪生在一九三一年臨終前忽然醒來並驚呼：「那裡好美！」

　　我最近讀了一本格雷・泰勒（Greg Taylor）寫的書《別擔心！可能還有來世》（*Stop Worrying! There Probably Is an Afterlife*），書中詳述了更多歷史上臨終幻覺的細節，包括一種名為「達連高峰經驗」（Peak in Darien experience）的變化——在這種臨終幻覺，臨死之人會看見已離世的摯愛在召喚自己，但其中有些是人們以為他們還活著的人。

　　早在有 e-mail 和手機之前，要得知不住在附近的家庭成員過世的消息可能要花上幾天、幾星期或幾個月。格雷敘述了許多有紀錄的案例，他們的臨終幻覺出現了某個摯愛親友的靈魂，但是家人還不知道那人已經死了。我發現泰勒的研究非常有說服力。

順利的過渡

在已生病或住院一段時間的案例裡，靈魂在過渡後，通常會受到額外的照護，因為心智仍帶著疾病的假設。肉體於醫院死亡之後，同樣的場景會在聖靈世界重建，好讓改變不那麼令人不適。但在其他幾乎失去所有意識（例如心臟病發或動脈瘤破裂）的情況下，靈魂通常會感覺像是進入一個夢中世界，而當它肉體的眼睛閉上、靈魂的眼睛睜開，它便突然離開了身體，體驗到的一切都是難以置信的輕盈與喜悅。所有感官似乎被增強，它的靈魂家人會護送這位新來者進入一個令人驚奇的光明世界。

靈魂能清楚看見靈魂家人充滿愛的面容。它們所愛的人一直耐心地看著它們肉體的死去與靈魂體的升起。新到的靈魂可能感覺茫然地飄浮著，但它無法否認從靈性家人那裡所感受到的驚人狂喜。很快地，它會適應並融入新的生活方式。所有在人間經驗的痛苦、苦難或挑戰，如今都消失了。靈魂已經從身體裡被釋放，得到了自由。靈魂知道它已不在人間，因為情緒增強了，顏色與聲音都變得更清晰，而且是用心靈感應的方式溝通。空間不是有限的，時間也不是線性的。

許多新到靈魂的指導靈會建議它們去看看自己的葬禮或追思禮拜，確認它們不再存在於物質界。我一位名叫麥可的好友

在一九八〇年代過世後，指導靈（一位非洲女祭司）帶著麥可出現在我的臥房，因為麥可想聽他信任的某人親口說他確實「死了」。在我以精神感應的方式告訴麥可這是真的後，他便接受了事實，隨即和他的指導靈就像來時一樣瞬間消失。

　　當靈魂回來人間遊走，它們能感覺到這個次元的沉重與稠密，也會驚訝於自己身為人類時所感受的自由與覺知的幻相。它們透過思想試圖與所愛之人溝通，想讓他們知道它們很好而且「活著」，但還在世的人通常都被過多失落與悲傷籠罩，而無法收到它們的訊息。靈魂會嘗試溝通，但大都不會被注意到。

　　不久後，靈魂便了解到它們不再屬於人間。人間是有限制且單調的。而在聖靈世界，它們的移動速度跟思想一樣快速，同樣地，唯一能限制它們行動的，**就是**它們自己思想的限制。

對天堂的期待

　　在聖靈世界的靈魂經常說，如果人們對他們死後的情況能有某種理解，或至少知道要預期什麼，那麼過渡的過程將會容易些。

　　布萊恩的母親是位堅貞的天主教徒，她絕不可能有理由來

讀我的任何一本書，但因為我是他兒子的伴侶，她總是會看我的書。她死後來找過我很多次，她說她從我書中得到的訊息，使得她的過渡過程比她虔誠的朋友們要容易許多。

在世時的信仰體系如果是比較侷限或批判，這樣的人可能會比較難接受死後的新世界。他們在死後可能相信自己還活著，因為仍然感覺很真實，因此只想醒來。但不久後，這些靈魂會開始了解它們根本連一句話都不用說，它們和這個新世界裡的每個靈魂都知道彼此的想法和個性。在人間，人們可以隱藏想法，不顯露真實的自己，但現在在聖靈的世界，情形是相反的。

靈魂經歷的最大變化之一，就是死亡徹底改變它們的認知。為了在人間運作，靈魂的意識需要感受到的分離，以及向來以為只屬於自己的意識，如今被揭露是與萬事萬物合一，而且一直以來都是如此。靈魂在人間的意識水滴，透過肉體的死亡，已經被釋放到無垠的大海。

第五章
聖靈世界

　　記得有一次我去上《喬依・比哈爾秀》（*The Joy Behar Show*），喬依很難接受在死去之後，希特勒的靈魂與德蕾莎修女的靈魂會去到同一個地方的概念。

　　每個靈魂都會回到聖靈世界，這是真的。但我們受宗教思想的影響太深，想到的是「天堂」或「地獄」，因此大多數人很難想像那兩個靈魂最後會在某處相遇。

　　簡單的答案是：沒錯，它們去的是同一個地方──聖靈世界。複雜的答案則是：錯，它們去的是聖靈世界**裡**不同的地方。如果你在地中海放入一滴水，也在舊金山灣滴上一滴，這些水滴都是在同樣的地方……卻也是在不同的地方。

　　我在試圖向你們描述聖靈世界的地理環境和設計，這是項無比龐大的任務，我可以用上一整本書來談「宇宙學」。基於了解這個極度繁忙又真實的靈魂世界是由無限的變化、層面與層級組成，我決定用簡單扼要的描述來傳達這些**世界裡的世界**的普遍特性。我將會專注在我認為最重要的部分，好讓你對它

的運作有概括的認識。

世界裡的世界

　　多年來已有許多神學家、心理學家與詩人寫過聖靈的世界，以及當我們的人類身體死後，我們會去的地方。我讀過許多談這方面主題的書，我打算以這些作品與我自己的靈媒工作為基礎，來說明這個次元的基本架構。再強調一次，以人類有限的大腦是無法參透有關聖靈世界的真相。這些都是根據經驗的理論，就跟任何事情一樣，如果你對我說的有共鳴，就接受；如果沒有，那就是它不適合你。曾有人引述佛陀的話：「什麼都不要相信，無論你是在哪裡讀到或是誰說的；也無論我是否說過，除非它符合你自己的理性判斷和常識。」

　　無限的概念是很驚人的。賴利・金（Larry King）曾經問我：「如果每個人都有靈魂，而現在地球上的人又比兩千年前多了很多，那這些新的靈魂是從哪兒來的？」

　　這個問題出乎我的意料，因為我從未想過有些人可能會這麼想。我總認為聖靈是無限的，而在地球上的靈魂是有限的。你可以有十個人、一百個人、一千個人從海裡取出極少量的水，然後只有一個人放很少量的水回去，而這對海水一點影響也沒有。

　　聖靈世界是神性秩序之處，那裡一直都有靈魂進進出出。大多數靈魂進入那個次元時，它們以為自己是在某種夢境，當回到原本的家，它們在人間所知的摯愛親友的能量會來陪伴它們。這些新到的靈魂首先領悟到的事情之一，就是它本身是多次元存在的能量。有些能量的振動頻率很快，例如德蕾莎修女，而有些能量，例如希特勒，就振動得非常慢。

　　每個靈魂在離開身體時，它的愛的能量振頻都不同；銀線被切斷時你正在振動的能量，將決定你在聖靈次元的居所。這些層次並沒有好壞，只是不同（好壞並不是聖靈世界的概念）。

　　那些有意識地努力運用自由意志來提升地球上愛的能量的人（或是說把「織毯」變得更明亮的人），將被引向聖靈世界中相應的層次；而那些降低愛的能量的人，則被吸引到不同的層級。

　　就像地球是由許多國家組成，聖靈世界也是由許多層面組成。這些「世界裡的世界」是能量的層次，而不是在哪個特定位置或地點。

　　聖靈世界或天堂並不是「在上面」，而是跨次元的。**所有一切都佔用相同的空間，只是能量在不同的頻率振動，而每個層級對身處其中的存在體而言，都是非常真實的世界。**

星光世界

　　靈魂回到聖靈世界之後，首先進入的是被稱為「星光層」的所在。我通常稱這個層面為「接待站」；每個靈魂在這裡與參與其進展的前世家人和朋友會合。每次我去機場接人總是忍不住想，這個過程看起來一定很像剛抵達聖靈世界的靈魂與摯愛親友會合的時刻。要是那些仍在世者能感受到剛抵達聖靈世界的靈魂所體驗的高度興奮，他們就不會那麼悲傷了。

　　當靈魂抵達星光世界，它們會非常訝異這個世界與人間的相似度。這個有形式與組織的地方，很像我們的物質世界，這樣來到死後世界才不會太嚇人。這裡有住家、宏偉的建築、美麗的花園、湖泊、城市、寵物，還有所有的運動與比賽項目。這個世界在許多方面複製了我們在人間的生活，以及我們對人間生活的認知，差別只是**這裡更好、更精緻**。相對於地球的物質世界，星光世界比較像是透過思想所創造出來的心理世界。雖然如此，那裡的一切看來都是真實無比。

　　很多人描述那裡有美麗的房子，四周環繞著以完美比例建造的花園。景觀與住家安排合宜，每間房子也都符合主人的個性。一切都是美麗、輕盈與自然。那裡有著我們所能想到的天堂世界裡的一切。如果有人在人間曾渴望從事某種藝術工作，但從未有時間去上課，他／她就可以在那裡完成心願。那裡充

滿創意，處處都有音樂與藝術。在那個地方，似乎所有你內心的渴望都能得到滿足。

我們說物以類聚，因此你在世間對死後生活所抱持的信念，將如實地在星光世界呈現，這也是為了讓你有個比較平順的過渡。舉例來說，如果你有重生基督徒的堅強信仰，你被吸引到的星光層次，就是其他跟你有同樣信仰的人覺得安適的地方。這個說法也適用於沒有信仰或懷疑有死後生命的人。他們的靈魂當然會繼續存在，但他們會待在星光世界裡由其他沒有信仰的人所組成的層面，這些人剛開始可能無法接受生命能超越死亡與物質世界而存在的事實。

最近我經歷了一個讓我真正理解這個觀念的經驗。在一次公開的活動中，我跟一位女性觀眾的已逝先生說話，為他傳遞訊息。從眼角餘光，我察覺到一個男子的靈魂，我知道他是這位女士已過世的父親。他站在角落，雙手抱胸，看著我。我用精神感應的方式跟他打招呼，他說：「我為什麼現在要跟你溝通？我活著的時候並不相信這些。」

我嚇了一跳，但隨即領悟到，我們不正是自己所想的嗎？我們所創造的環境也完全符合我們所在的意識層次。相信所有靈魂一旦離開身體就會立刻經歷意識的擴展，這是一種誤解。你就是你所相信的，而你會依自己的時間成長和進化。

　　許多人也有一個錯誤的觀念，認為一旦到達聖靈世界，一切都會很安逸，他們不必擔心自己在人間做過或沒做到的事。不是這樣的。

　　雖然在另一個世界，我們永遠是被愛、被接納，但我們也要面對我們在世時的**所有**思想、言語與行為，還有可能曾經傷害或虐待的人。除了你自己，沒有人會評斷你。在死後的世界，所有人確實都是平等的。

　　有個朋友跟我說過以下的虛構故事，這個故事有助於解釋我們在人間所想的，不一定會跟我們在星光世界所發現的一致：

　　一名非常富有的男子過世後，他在珍珠門前遇見了聖彼得。聖彼得陪伴他穿過那些大門，他立刻被天堂的美麗與富麗堂皇所吸引。他四周全是閃耀著色彩與光的豪宅，還有美麗的草地和令人屏息的花園。這名男子告訴聖彼得：「這看起來很像我擁有的一些房產。你知道，我是地球上最富有的人之一，也曾在各地擁有這樣的豪宅。我還有數百名員工替我做所有的事。」聖彼得沒有回答，只是繼續帶領這名男子往這個新世界的一條路走去。

　　隨著道路往前延伸，男子愈來愈堅信聖彼得是要帶他去他

的新家。男子確定那一定是他剛剛看過的其中一幢驚人豪宅。「我的房子呢？它在哪裡？」他問道。聖彼得只是告訴他跟著走，不會很遠。

他們繼續走著，路變得愈來愈窄。男子望向四周，注意到那些美麗的草地都變得枯黃，還出現一畦畦泥濘的黃土。豪宅不見了，如今他們周遭都是些小木屋。

男子突然攔住聖彼得，說：「喂，我的房子在哪裡？你一定是走錯路了吧。」

聖彼得微笑著說：「再走幾步路就到了。」

男子感到很困惑，立刻認為聖彼得是把他誤認為另一個靈魂了。當看到四周的小木屋變成小茅舍時，他愈來愈生氣。男子態度堅決地伸手抓住聖彼得的手臂。

「喂，我的房子在哪裡？我們該往那邊走回去！」男子惱怒的大聲說道。聖彼得微笑並指著遠方一堆斷裂的木材與厚紙板。

他對男子說：「在那裡，那就是你的房子。」

男子心想聖彼得弄錯了，於是這麼跟他說：「這是在開玩笑嗎？你不知道我是誰嗎？」他問。

聖彼得看著男子，禮貌地答道：「這是你的新家。我們只能用你送給我們的材料來建造它。」

你在星光世界的環境是基於靈魂旅居人世的期間，你在內心所創造出的事物而來。如果你過的是心靈封閉、心胸狹小、仇恨與批判的人生，當你到了聖靈世界，那就是你必須面對的生活。有些人可能會稱之為地獄，但聖經裡是這麼說的：「人種的是什麼，收的也是什麼。」你的想法、言詞和行為都是有後果的。

靈魂回到地球層面，進入這裡的種種情境與狀況的部分原因，是想進化到較高的愛的本質。改變意識，培養對他人的理解與同理心，是我們擴展與成長的方式。在地球的時候，靈魂以態度、選擇、思想與信念創造它的振動頻率。當靈魂選擇把自己往上帶到愛的振頻，並且釋放限制與批判，它就提高了它的能量層次。如果靈魂在還有身體的時候就能做到這點，會是再好不過。

我曾有過一次通靈貓王的經驗，還有一次通靈黛安娜王

妃。他們兩人有完全不同的人生經驗，卻都表達了同樣的感受：地球上的人類在他們死後對他們送出的祈禱與愛，使得兩人的靈魂提升到星光層中，他們都不認為自己應該到達的層次；他們是這麼認為。然而他們在人間做了要做的事，即使有缺陷，他們都正面影響了別人的生命。

我很幸運能有莎莉‧麥克琳（Shirley MacLaine）這位演員和作家朋友。有一次我們一起吃晚餐，我問她知不知道自己改變了多少世人的意識。她說：「嗯⋯⋯不太知道。」

我很震驚。我個人就知道有許多人的生命因她的作品而改變，譬如我先生布萊恩，他從小生長在天主教家庭，但一生大多時候都是不為人知的不可知論者。他小時候只被教導過一種信仰，而他直覺知道那對他來說不是真相，因此兒時的他唯一能做的選擇，就是什麼都不相信。直到他讀了莎莉的《心靈之舞》（Out on a Limb），他看見了一個從未在他面前展現的全新思考方式。布萊恩的靈魂就像支方形釘子，一直以來都掙扎著要套進天主教教義的圓洞裡，卻剛好從莎莉創造的新出口穿了過去。那是他的高峰事件。

如果布萊恩一九九四年遇到我的時候並不是在一個較高的意識層次，那麼我們絕不可能成為伴侶，因為他必然無法接受我的工作。而如果我的人生沒有布萊恩，我就不可能像現在這

樣旅行與教課。這是很大的漣漪效應。然而，莎莉並不知道這些故事；她只知道她身為一名藝人、母親、祖母、女兒與姊姊的人生。承認自己對啟發世人的貢獻，並不是人類的天性。謙卑確實有可能使我們見樹不見林。

　　偏離主題了……我想說的重點是，我們在人世可能從未察覺到什麼是真正重要的事。像是對陌生人的一個微笑這類隨機的善意，比起出於義務的每週日去教會還來得有分量。透過保持高尚的思想、只吸引那些朝更高振動頻率提升的人，你真的可以改變周遭的能量場。記得，物以類聚，因此，當你把好的能量帶入你的生活，生活裡就只會發生好事——而你的收穫可能是來自你無意間播下的某顆種子。

　　靈魂不只在物質層面學習與進步，在聖靈的次元也是。星光世界有多重階層與層面。許多靈魂選擇留在星光世界一段長「時間」。我把時間加上引號，因為線性時間只是三次元的一種工具。在聖靈的界域，我們所知道的時間是不存在的。所有曾經、現在，或將要存在的一切，都同時在發生。（我知道這個概念有點離奇，我要留給比我更厲害的人去解釋。）但因為我們是在地球上經歷實體／物質經驗的靈性存有，我們把時間覺察為過去、現在與未來，是一種必要的設計。

乙太世界

在星光世界的靈魂可以直接轉世，或上移到稱為**乙太世界**（Ethereal World）的更精微次元。在星光層，靈魂自在地展現自己，並且百分百滿意這個浩瀚且多采多姿的世界所提供的經驗。在星光世界，靈魂與物質世界的連結強烈許多，也因此靈魂感到自在。星光層也可以感受到乙太世界的一些特性，而以不同方式顯現。有些以純粹的啟發性思想或甚至是接收到具創意的偉大作品的方式。星光層的靈魂可以接收來自更高層次的神的意念。

乙太世界也被知曉為思想層面（Thought Plane），這裡的振動頻率比星光世界高，它是由心智和思想已達純淨狀態的靈魂所組成，而且確實會透過靈感與我們連結。所有偉大的音樂作品、藝術傑作與科學發現都源自於乙太世界。這是一個由純粹意識所組成的無形領域。思想與能量在這裡移動的速度，比任何你能想像的超級電腦的數據還要快速。

在這個乙太世界裡，我們個體自我振動較慢的部分與靈魂振動較快的部分會合。這裡是「高我」的所在處。這個層面充滿了光、愛與真理。這裡與我們的心智自我互動，協助抽象思想的產生，並作為讓較高層次的智慧往下與我們存在的較低面向整合的入口。

　　身為靈媒，我沒有和乙太世界的存在體接觸。乙太世界跟我們在地球的人格（以及我們記得的物質世界裡的摯愛親友）的關係是薄弱的。一般說來，靈魂未轉世的時間愈久，我就愈難和它取得連結。我需要來自實體世界真正認識那個靈魂的某人的協助，才能有真實的通靈連結。我無法讓林肯突然就因某個人詢問而出現。

　　我最近讀了一本很棒的小說，凱文・布羅克麥爾（Kevin Brockmeier）寫的《死者簡史》（*A Brief History of the Dead*）。作者在書中參考了許多非洲部族的信仰。在非洲部落中，人被分為三種：還活著的（人類）、剛離世的（薩沙〔sasha〕）與過世較久的（哲馬尼〔zamani〕）。人死了後成了薩沙，而且只要人間還有人記得他們，就一直會是薩沙。當人間最後一個記得他們的人死去，他們就會成為哲馬尼，之後人們便只以這個名稱來回憶他們。

　　我並不是說人類無法接通乙太世界的智慧，因為是可以的。出神狀態下的通靈（trance channeling）便是一個廣泛用語，它用來描述一個人變成接收這些較高領域的智慧與知識管道的時候。出神狀態下的通靈者不會與你剛剛過世親人的意識溝通——就像我所做的。他們是連結較高存有，或是擔任人類與傳授較高領域的智慧和知識的存有之間的管道。

賽斯資料、《奇蹟課程》與亞伯拉罕的教導，就是接通這個無限智慧的例子。傳遞這些智慧的人類（例如傳遞賽斯的珍・羅伯茲〔Jane Roberts〕，與傳遞亞伯拉罕的伊絲特・希克斯〔Esther Hicks〕）能以不同的方式接通較高領域，或用不同的用語來定義他們做的事，但無庸置疑的，他們觸及與分享的資訊並非他們自己的意識。

人們經常問我，假設他們死亡後，那些不在星光世界，而已重新轉世到物質界，或已前進到乙太世界的摯愛親友能否來迎接他們？答案是可以的。為靈魂能做到什麼、在哪裡顯現，或是靈魂如何能分割意識設下限制，這是我們人類以三次元的心態在看待事情。靈魂是不受我們對空間或時間的認知所限制的。

天界領域

天界層面（Celestial Plane）經常被稱為「天使領域」。住在這個層面的靈魂已經達到特定程度的靈性進化，也被認為是崇高的存有。這裡是天使與大天使、神秘主義者與大師，還有我們知道的耶穌、穆罕默德與佛陀等先知們居住的地方。

存在於這裡的靈魂熱中於把承載神之愛的純淨之流往下帶到較低領域。住在這裡的許多存在體可能從未到過地球層面，

也確實可能是天界與／或外星生物的組合。這種生命能量是輕盈的能量形態。它們的氣場飽滿而明亮，因此在人類的概念裡，它們是有翅膀和光環的。我親愛的友人朵琳・芙秋便是把天使與揚升大師的智慧運用在健康與靈性轉化的頂尖專家。

這裡沒有評斷也沒有沉重的氛圍，這些性質在這裡是陌生的。在這個層次上的存在體不具有人類特性，它們與所有生命連結，也能把處於較高狀態的存有的最佳特性帶給他人。這裡也被稱為**極樂**層級，有著較低層域不可能理解的感受。這個感受明確且超乎想像，它曾被描述為「神性的喜樂」。

我能想到的最類似比喻就是戀愛中的兩人所經歷的感受。相愛的兩人似乎融合為一體。他們覺得結合在一起，成了一個實體，這使得他們像同一個生命那樣感覺、思考、行動和愛。他們之間沒有區分。靈魂在這個層次體驗到一體的感受。在這裡也沒有二元或光明和黑暗。一切都是一個元素、一個意識。

要到達這個層界，就要培養一種純淨、無私、包容一切的慈愛。這種愛沒有偏見且無所求，只為了愛而存在。自然流露的愛，付出而不求回報，這就是天界領域的存有們最顯著的特色。

愛的能量構成了宇宙，當我們被這自然的律動包圍，我們

被吸引並朝向完美和超然前進。天界領域的存有們知道,在某
層面上,它們與聖靈是合一的,而雖然它們已抵達愛的道路,
但它們仍在進化,也永遠願意對所有尋求幫助的人提供協助。

第六章
輪迴轉世與靈魂的記憶

　　你的靈魂探索過許多世界、星球、星系、生命、情境與經驗，目的是把知識、洞見與理解帶到聖靈世界。就像一隻蜜蜂從一朵花飛到另一朵花，把花粉帶回蜂窩，你的靈魂也是這樣從一世到另一世，把你的獨特經驗帶回源頭。靈魂的冒險永遠跟學習、體驗、擴展與進化有關。

　　人們總是不斷問我：「我的靈魂使命是什麼？」簡單的答案是**無條件的愛**。聖靈世界就是由我們稱為「愛」的能量組成；愛是宇宙的自然韻律。如果每個靈魂都進化到無條件的愛的境界，我們就會擁有「人間天堂」。但我們的路途還很遙遠，不是嗎？小我、驕傲與評斷表現在種族歧視、民族優越感、性別歧視與恐同上。對人們來說，「我們對抗他們」的觀念比「我們都是一樣的」更令人自在。

定義輪迴

　　輪迴是微妙的概念；這是另一件人類大腦很難瞭解其整體性與目的的事。輪迴的信念是相信靈魂選擇以人類形式顯現，

為的是發展知識與智慧。我知道這只是語意學的說法，但我比較喜歡這麼說：聖靈的能量選擇作為一個以肉身形式回來的靈魂。我不喜歡靈魂在未轉世（不具肉身時）是單獨的概念，因為如果你將一滴水滴入海中，那些水分子當然在海裡，雖然它們同時也是個別的，但你無法將它們區分。

自始以來，輪迴轉世一直是許多信仰與宗教的基礎。然而，背後的原因與動機可能有些微不同。例如，佛教徒相信沒有永恆的魂、靈或自我，而是一條意識的河流連接每一世。印度教徒相信我們在不同世回來是為了減輕業，而這個業（因果）的能量會使我們一再回到物質層面，直到所有業力都被消除為止。

古猶太人相信輪迴轉世，希伯來文是「gilgul」。這個詞彙的意思是「循環」，在神秘的猶太教經典卡巴拉中也有提及。基督徒也曾有好幾世紀是相信輪迴的觀念，直到西元五五三年的第二次君士坦丁堡會議，輪迴轉世才正式被宣告為異端邪說，而公開文本中也不再提及這個名詞。當權者不喜歡人們有無限機會可以回歸正途的觀念，因為這樣你就不需要教堂為你提供救贖了。

之前的轉世

我在工作中經常遇到不斷想知道自己在前世是「誰」的人。我告訴他們，他們是過去所有每個前世經驗的總和。

靈魂構造的深處記錄著它曾經歷過的許多生命與體驗。靈魂是數據與資訊的巨大網絡。經由無數年代，它已學會透過肉身表達自我，也試圖完美它的優點並減少弱點。在靈魂記憶裡的，是能影響目前這一世的事件、態度、行為、見解、看法和行動。

前世經驗是你能夠取得的資料，但知道這些對你**重要**嗎？這要看你的動機而定。如果你的動機是幫助自己克服這一世不知從何而來的某種害怕或恐懼，或是要更清楚了解自己為何在特定情境下會有糟糕的反應，或是為了靈性／心靈上的轉化，那麼我完全贊同。如果只是為了知道你是不是埃及豔后，那我就不懂有何必要了。

另一個我常被問到的問題是：「我在決定轉世前，在聖靈的世界待了多久？」一切的發生都是依神性的秩序，因此沒有完全一樣的答案。聖靈世界是我們的家，我們用大部分的時間在那個次元重新評估與履行靈魂的責任。我們也用很多「轉世之間」的時間研究與準備下一次的轉世。

　　輪迴轉世的終極目標，是將愛與理解的意識帶入我們每一天的生活裡。光是**身為**一個人類，就會面臨許多通往這個目標的障礙，而我們選擇的某些世又會比其他世有更多挑戰。有時我們成功應付了挑戰，讓「織錦」變得更豐富多彩；有時我們失敗，使世界變得較為黑暗。

　　當聖靈選擇回到人間，成為一個在物質容器裡的靈魂，它知道它將經歷各種經驗與處境，為的是協助它使用過去輪迴所得的知識，並提供靈魂進化與學習的豐富機會。所有的一切都是為了進步，而一個靈魂可能要嘗試多次來精進一項技巧，最後才被賦予在此生實現或收穫的機會。

　　這一點對我身為靈媒的能力來說非常貼切。我生來就知道許多世我都曾是神秘主義者、祭司、神職人員、僧侶、傳教士、巫師等等，這是為了認識並精進我的感知能力、信任與直覺到某個程度，因此我現在才能擔任肉體與不具肉體世界之間的媒介。

靈魂的自動導航系統

　　所有靈魂回到物質世界都是帶有目的與計畫。要記得，整體的目標是把愛帶到所有你做的事當中，但在地球因為有自由意志的緣故，因此，不遵循靈魂的真實渴望（而屈服於無法提

升能量振頻的世俗誘惑）會是在地球的最大路障。

身為人類，我們都會因權力、怨恨、報復與嫉妒（這裡只列出幾個）而偏離正軌。原本朝良善而行的道路，變得黑暗曲折。《赫芬頓郵報》（*Huffington post*）最近在網頁上增設了一個靈性單元，稱為「靈魂的自動導航系統」。我很喜歡這個標題，如果我們都能聆聽這個與生俱來的聲音就太棒了。它不會說「前方一百五十公尺，左轉」，而是說「前方有衝突，用愛與理解去面對」。當我們的驕傲與小我受到傷害而沒聆聽內在自動導航系統的指引時，記得，我們的預設機制總是會要我們以仁慈來回應。

社群媒體的匿名性，已成為自認可以對人不友善，或傷害他人又不需對自己行為負責的人的溫床。請再想想，我們的言行屬於自己，而言行一定會產生無可避免的後果。有許多至理名言可以在我們的生命路途中幫上我們，例如：「以德報怨。」「負負不能得正。」與「選擇崇高正確的路。」然而我們卻只把它們看作陳腔濫調。這些老生常談都在提醒著我們，即使生命中的其他人沒有聽從他們內在的自動導航系統生活，我們也不必跟他們一樣。

業是近來常被提到的詞彙，但它的本質總是沒有被認真看待。業其實是良性的能量──它的「好」或「壞」是取決於那

個能量背後的意圖。

當靈魂回到聖靈狀態，它剛剛度過的人生會受到檢視，因此我們會知道自己在哪裡轉對了彎、轉錯了彎，或是做了個大迴轉。在下一次輪迴前，我們會挑選可以提供給靈魂最大成長潛力的最佳機會與情境。遺憾的是，計畫的一大部分都會圍繞在清理之前留下的殘存業力。如果我們總是要清理以往的業力，就很難把眼前手上的工作做好。

我曾看過一張保險桿貼紙，後來才知道那是韋恩・戴爾（Wayne Dyer）說過的話：「人們怎麼對待你是他們的業。你怎麼回應則是你的業。」確實如此。我們可以透過後退一步，注意到陷阱，來教導自己避免業力。這都是過覺知生活的一部分。

關於輪迴轉世的問題

我發現輪迴是我不同領域的學生最感興趣的主題。我巡迴演講時總是有人要求我回答這方面的問題，而且有趣的是，在全世界不同的國家都有人有相同的疑問。因此我想，這裡是回答這些問題最適合的地方。

我的見解可能跟你曾聽過或你內心所接受的不同，因此假

如你覺得我說的對，就把它當成值得思考的事；若你對我說的沒有共鳴，就思考一下並繼續你的研究。無論如何，我都希望它能激發你的好奇心。

為何我們不記得前世？

我相信當靈魂與它將要使用的新身體融合時，它會經過神秘主義傳統裡提到的遺忘之海，或遺忘的面紗。靈魂本該帶著沒有過去犯錯的紀錄來到物質次元，才能重新開始一切。如果靈魂要去記得過去每一次糟糕的選擇和處境，它就會太執著於自己怎麼會那樣做，或怎麼沒那麼做，或甚至它是如何摧毀了生命。這些都會影響到它在這生的選擇，靈魂將因此無法專注在需要完成的此生課題上。

我確實相信所有的記憶可以透過我們的潛意識取得，而意識則是幫助我們能夠專注在這一世。要不然，我們的頭腦會因為裝滿了太多過去的東西而無法運作。如果覺得回顧前世會有幫助，催眠與冥想是我們可用來接通潛意識的工具。

是什麼決定靈魂何時轉世？

就如你能想像的，靈魂選擇回來地球牽涉到許多因素。理想中，靈魂會挑選一個能呈現最多學習、經驗與情節的機會，

以得到最好的成長。最常見的就是與其他靈魂有關的業力責任；各種命運轉捩點、挑戰或課題；當然，還有以那個靈魂的技能與天賦而言，能夠提供它最理想的社會氛圍、家庭環境與資源。

我們有多常輪迴轉世？

記得，靈魂永遠有自由意志。它可以選擇轉世，但不是一定得這麼做。有很多靈魂並不是必須回到地球，它們是為了幫助其他靈魂的成長而如此決定。這完全是靈魂的選擇。

靈魂在「另一邊」也可以進化，但那些挑戰所能提供的成長速度，可能不像在地球這個星球這麼快。以經驗法則來說，我發現那些在孩童時期就死去的靈魂，通常回來得比較快。那些在地球上較長壽的靈魂，通常在轉世之間的階段待得比較久。

在轉世前，靈魂知道它在地球的際遇會是如何嗎？（例如被領養、暴力、上癮或家庭問題）

是的。在回來地球之前，靈魂會事先看到展現在它面前的人生，因此它很清楚知道在這一世可能發生的所有機會、挑戰、可能性與選擇。一旦靈魂穿過遺忘的面紗，與物質世界融

合，自由意志便在那一世扮演著非常重要的角色。但記得，遵循愛的道路永遠是你靈魂的真實渴望。

靈魂伴侶與靈魂團體會一起轉世嗎？

是的。靈魂伴侶與靈魂團體是幫助你學習人生課題的無限存在體。這些靈魂有很多曾經一起轉世，它們在「另一邊」也住在同樣的地方。它們一直維持密切溝通（無論是轉世或未轉世），也會設計出能一同參與的最好和最適宜的轉世時機，以便完成最多的業力責任與課題。這些靈魂時常一起輪迴。

人類的靈會變成動物回來嗎？或反之亦然？

我曾經不相信這是真的，但後來明白我這是在限制靈魂。靈無所不在，而所有形式的存在都有它要學習的課題。人們認為轉世為一隻狗的靈魂是一種退步，恰恰相反，如果你仔細想的話。例如，狗狗不就是在真實表達無條件的愛嗎？

為什麼靈魂要選擇一個有肉體或心理難題的身體？

這都跟學習和獲得成長的機會有關。也許靈魂正在經歷一個業力課題，或者它選擇這種情境是為了教導它靈魂團體裡的其他成員耐心、慈悲與愛。

憶起前世

　　伊恩・史蒂文森（Ian Stevenson）博士寫過幾本有關輪迴轉世的書，尤其是跟孩童自發性的前世回溯有關的主題。我個人認為他是個天才與先驅，但他卻直到二○○七年死後，才受到這樣的認同。靈魂和聖靈世界的連結對孩童來說還很鮮明，因此之前的輪迴記憶很容易就浮現到意識。孩童並沒有伴隨年齡而來的過濾機制與社會的限制——他們只是說出心裡的話，即使那被視為不可能或瘋狂。

　　我發現我讀過的許多故事，都是對前世存在極具說服力的證據。我也不認為自發性的前世記憶浮現是僅限於孩童才會有的經驗。你是否曾經到某個你之前從未去過的地方旅行，卻對那個地方感到一種奇異的連結，有時甚至還知道那裡的地理環境或地標？

　　這件事發生在多年前，在我二十歲出頭的時候，當時我正與朋友約翰從佛羅里達州開車到加州。我們臨時決定順道在紐奧良停留。除了知名的嘉年華會、爵士樂與好吃的食物之外，我對這城市毫無所知。

　　當約翰把車開進法國區，我的腹部上方開始出現一種非常奇怪的感覺——感覺我知道這個地方。約翰停好車後，我們開

始閒逛，我跟他吐露剛剛經歷的那種怪異的「知曉」。

約翰覺得我瘋了，我也這麼認為。（這是在我承認自己的通靈天賦之前很久的事。）那裡令我感覺非常熟悉，我知道每一條街道與小巷，我知道各個不同的教堂與地標的位置，還有哪些建築物是透過地底通道與隧道彼此相連。我們根本不需要地圖。

這到底是怎麼回事？我本人這輩子從未去過那裡，但顯然我的靈魂過去在那個地區有過經驗，而且因為我知道一些特定的隱藏逃生路徑，這表示在那一世我肯定必須用到它們。

我在工作中經常聽到人們有類似的經驗，包括他們對特定食物或國家有著無法抗拒的喜愛，或是對特定歷史事件有深刻的知識與理解。他們也可能感覺到某種文化、語言或世界某個角落對他們的吸引力。靈魂永遠「記得」，而有時候，那些記憶會從潛意識浮現到意識層面。

有多少次你曾第一次遇見某人，卻立刻感應到與對方的某種連結？這種事也曾發生在我身上（也是在紐奧良，但是在後來的一次造訪）。布萊恩和我跟一群朋友去旅行，我跟布萊恩的朋友肯恩從未見過面，卻立刻很投契。後來發現，我們不僅同一天生日，而且都對二次大戰有興趣，特別是任何與納粹或

死亡集中營有關的事。我們一起看那個主題的紀錄片，甚至去了一趟德國的達豪（Dachau）。（你會以為曾祖父是從德國移民過來的布萊恩至少會對那個主題有一點點興趣，但你完全無法強迫他。）我是否認為肯恩與我在二戰時的德國曾一起生活？沒錯，我確實這麼認為。

反之，你也可能遇見某人便立刻感覺討厭或不信任，而寧願不要接近他／她。有可能你跟那人曾在某個前世一起生活，結果也許不是很合得來。

我聽過很多這樣的例子：人們看了像是《英雄本色》（Braveheart）之類的歷史電影，立刻感受到情緒上的衝擊，彷彿他們看的是一部自己人生的影片。我在看《光榮戰役》（Glory）時也是同樣情形。那部電影描述南北戰爭時期的各個戰役，而在某一刻，我突然感到難以負荷，覺得自己無法再看下去，因此不得不離開戲院。那感受如此明顯，以致當電影中的某人被刺，我感覺就彷彿是發生在我身上一樣。史蒂文生博士曾提到好幾個案例，其中個案在這世出現胎記的位置，就是前世曾受傷的身體部位。

天才、學者與相貌極相似的人

我們都聽說過天才兒童——展露某種驚人技巧的孩童。對

我來說，一個在三歲就能嫻熟演奏貝多芬奏鳴曲的孩子，背後一定有個故事。我也覺得學者症候群（savant syndrome）很有趣，這個名詞是用來描述具有某種認知障礙，卻在某專業領域表現出非凡能力的人，例如在數學或音樂。這純粹是大腦功能的產物，還是潛意識與意識協力作用的結果？

史蒂文森博士聲稱研究過一些展現使用陌生語言的超能力的兒童，他們（通常是在催眠狀態下）具有說某種外國語言的能力，但在這一世從未學過那種語言。

我的朋友布萊恩・魏斯（Brian Weiss）博士是運用前世回溯來協助減輕不合理的害怕、恐懼與改變習慣的頂尖專家。（他的著作《前世今生》是這類書中的經典。）魏斯博士看出前世未解決的經驗與此生干擾病人日常生活的恐懼之間有直接關聯。對高度、水、幽閉空間或獨處的不合理恐懼，或甚至對一段關係的情感上的恐懼，都可能有來自前世的源由。

透過催眠，前世回溯能將那個回憶帶到表面，讓醫生與病人冷靜檢視原因，並消除那個負面印記。這個方法可以釋放靈魂對負面經驗的記憶，並有助於許多層面的療癒。魏斯博士就像亞歷山大醫生一樣，是一位受人敬重的醫生，對他來說，要說出這些故事並遵循自己的道路是弊多於利。

　　現在有些網站專門關注那些跟過去的某人有神奇相似度的名人。我不認為很可信，因為每個人在某處都有個跟自己相貌極為相似的人。然而，我確實相信我們會把類似的身體特徵從一世帶到另一世；我也要告訴你一件能說服你的事。布萊恩事實上是讓我對海倫・凱勒的故事感興趣的人，他從小學四年級就對她著迷。（他最珍惜的物品之一，就是掛在書桌上方的海倫簽名照。）

　　他最近在讀一本海倫的傳記，那本書收錄了一張一八五〇年代薩繆爾・格里德利・豪（Samuel Gridley Howe）醫生的照片，他對盲童的關心與協助，為柏金斯學院（Perkins Institution）的成立播下了種子。安妮・蘇利文第一次去見住在阿拉巴馬州的海倫，就是從波士頓的柏金斯學院出發。

　　布萊恩聽過豪醫生，但從不知道他們長得那麼像，簡直就像是在照鏡子。（如果你想知道布萊恩的長相，可以上網搜尋「Samuel Gridley Howe」。除了一八五〇年代的糟糕髮型之外，他們看起來一模一樣。）有些人會說這是巧合，但我認為巧合就是神的匿名方式。

　　還記得一九九三年那部很棒的喜劇電影《今天暫時停止》

嗎？電影中，比爾‧莫瑞（Bill Murray）飾演一名傲慢的電視
氣象主播，他每天醒來就是不斷重複地過著同一天。一開始他
放縱自己做幼稚的行為，因為知道不會有什麼嚴重後果。等他
失去了興趣，他才開始轉變行為、做好事和幫助人。當他終於
把那一天過好，才得以在嶄新的另一天醒來。

　　雖然這故事本身與輪迴沒有關係，但主題是相同的。身為
靈魂的我們，被賦予了充滿學習與成長機會的人生。我們跌
倒、失敗、再嘗試，但每次也都會有所學習。然後，以愛作為
指引，我們終會使人生回到軌道。

第三部

靈魂如何在物質界生活

第七章
你的靈魂功課

　　身為靈魂，我們是有著無限潛能的永恆存在，我們居住在人間的一個身體裡，學習關於創造愛的課題。我們的潛意識具有許多累世的靈魂經驗，以及聖靈世界的知識與智慧。

　　我們使用這些宇宙智慧，在下一次旅居地球時協助自己。人類世界是比較困難的次元之一，因為這裡是高振動頻率的概念與想法以具體形式呈現，在物質實相成真的地方。我們出生時並沒有指導手冊，因此有時會不知道該如何顯化這些崇高理念。也因此，當我們回到地球，我們必須仰賴靈魂與生俱來的「知曉」或直覺來協助面對作為人類的挑戰與機會。我們一步步完成這些課題，希望它們能作為路標，幫助我們的靈魂憶起它們的最終目的地，並指引我們持續走在正確的道路上。

關係

　　在這個稱為人生的學校裡，我們會修習各種課程，這些課程是我們還在聖靈世界時就報名學習的主題或體驗。我們在轉世前就選擇了可以提供最佳機會與／或挑戰的人生，幫助我們

鍛鍊與實踐愛的能量。

對大多數靈魂來說，許多課程會是由他們在地球所經歷的關係來定義。這些關係將提供學習寶貴課題的機會，是靈魂無法以其他方法學到的。因此，**關係**是靈魂成長與學習的基礎。地球就像個大雜燴，提供靈魂要追求精進的許多課程。

靈魂團體

幸運的是，我們絕不會單獨去上學。我們不僅一直跟我們的輔導老師與指導靈有密切聯繫，我們也會跟「靈魂團體」一起轉世。靈魂團體在地球上會以家人、朋友與戀人的角色和我們互動。

我們都聽過這句老話：「你可以選擇朋友，但無法選擇家人。」嗯……這句話說得對也不對。你們都挑選了彼此來扮演特定情況下的角色，而這些角色都經過精心策劃。家庭裡的每一個成員，都曾跟你一起經歷過許多前世經驗。為了學習和瞭解，你們發展出錯綜複雜的能量模式。如果你能客觀看待你的家庭動態（現在就仔細想想你與家人的互動模式），你所得到的洞見就能揭露不少你的靈魂回來學習的課題。

有些家庭相處和睦，他們很可能已經學會珍惜與尊重彼此

的家庭業力課題。失能的家庭則仍在學習當中。這些課題並不
容易，因為生命中對你挑戰最大最多的那些人，通常都是你最
重要的老師。

當你與某個親近的人陷入不愉快的情境，不要立刻跳到情
緒裡，而是要退後一步，深呼吸幾次，然後檢查一下你的內在
自動導航系統。永遠要選擇愛、原諒、慈悲與同理心，而非評
斷、報復、怨恨和惡意的途徑。

當想到一位難應付的家庭成員時，你可以思考的是，也許
他／她正向你舉著一面鏡子。想想自己是不是跟惹怒你的人有
些同樣的特性？因為我們真的是一體的；透過家庭成員呈現在
你面前的，代表了你必須學習有關自己的部分。譬如說，你或
許必須學習寬恕或是認可自己的價值。逃避或是責怪他人不是
答案。如果沒有學到這些功課，你們會發現大家一直處在不和
諧的有害循環裡。

要把家庭從混亂、有害的能量中拉出來，需要花上很大的
力氣與毅力，但這樣才能讓每個人從較高的視野來看待整個情
況、學到功課，並開始療癒。你也必須瞭解，這個療癒可能不
只是為了正在經歷的靈魂，它也是療癒幾個世代以來的失衡與
不和諧的機會，整個靈魂家族都會從中得到極大的進展。

我們都知道，情感關係會是我們人生所經歷最強烈、辛苦，卻也是最令人滿足與值得的經驗。因為愛的能量是靈魂追尋的終極振動頻率，關係便給了我們最佳的學習與探索機會。**學習如何正確地愛**，對我們來說也很重要。

當然，建立健康、充滿愛的關係的第一步，就是學習愛你自己。如果你想要靈魂在地球之旅的進展加速，你就必須接受自己是充滿愛的聖靈。

每個人都會犯錯——每個人都會發脾氣、批判他人——但如果我們每天都能有意識地對我們是如何對待自己和他人保持覺知，人生就會變得簡單許多。我最喜歡的海倫‧凱勒的名言之一就是：「無私地努力為他人帶來歡樂，是為自己創造更幸福人生的開始。」

愛情關係

兩個靈魂互相吸引並成為伴侶或夫妻而共同生活，它們之間的親密連結是因為其中一位靈魂有另一位需要去學習的地方。

我個人是跟一個男人結婚，我認為他是我遇過最貼心且真正純淨的靈魂。他很有耐心又善良，在我認識他的二十年當

中，他從未說過任何人的壞話。如果我回家時很氣某人做了什麼糟糕或不恰當的行為，他總是能讓我冷靜下來。他提醒我，在我能理解別人的動機之前，我應該先從那人的角度來看事情。他是對的。

他最喜歡的書與電影是《梅岡城故事》（*To Kill a Mockingbird*），他認為這部作品的重點是：在能真正了解某人之前，你應該設身處地的在那人的立場想一想。這也是這個故事讓這麼多人產生共鳴的原因。我們甚至還以書裡受到嚴重批判與誤解的代表性角色「布・芮德」的名字，為我們的一隻狗命名。

伴侶確實能夠幫助我們找到存在於自己內心的真相，也許那是我們一直沒有花時間去認知或表達的。布萊恩和我會在一起，是因為我是來人間學習他已經獲得的洞見；他幫助我用不同且不帶評斷的方式去了解與看待事物。而個性外向、愛笑的我，則是要教導害羞內向的布萊恩更懂得去享受生命與人群。當一個靈魂家族的成員能對另一個成員的成長做出貢獻，並一起創造美麗人生，這真的是完美的平衡。當你與人共享這種連結時，你會知道的。因為除了你們對彼此的熟悉感之外，你們會成為一個存在……一個靈魂。最棒的你看到對方最棒的部份。

友誼

　　對我們的靈魂課題來說，跟家人與親密伴侶一樣重要的，就是與朋友的關係。有人說，擁有很多朋友的人，就是擁有最多財富的人。

　　我的好友裘蒂‧費雪（Joerdie Fisher）很喜歡說：「我們有為了某個原因而交的朋友；也有短期的朋友，或一生的朋友。」我們會吸引我們需要的能量，時間長短也是依需要的時間而定。靈魂團體在轉世之前的聖靈世界就已仔細安排了下一世它們可以如何相互協助，以及為彼此帶來與分享的珍貴課題，時間則可能持續一周或很多年。發展親密的友誼需要好幾世不斷去努力培養信任、誠實、尊重與欣賞等要素，直到靈魂彼此間達到完全的和諧。友誼的確是表達愛的最棒方式之一。

　　「物以類聚」就是吸引力法則。如果我們過著以愛和不評斷為中心的覺知生活，就會吸引同樣類型的人進入我們的生活。我們散發怎樣的能量，就會吸引怎樣的人。如果我們刻薄、嫉妒，心裡滿是怨恨，我們不僅吸引同樣的人，也會驅離了那些可能對我們靈魂成長最有幫助的人。你寧願生命裡有怎樣的人呢？

　　當學生來上我工作坊的課，然後帶著自己是靈性存有的全

新感受離開時，他們都覺得自己完全改變了，而且更居於中心，也就是更穩定和平衡。我可以真實感受到他們的振動頻率轉變到一個更高的層次。當這些受到啟發與得到力量的學生回到友誼和情感關係裡，他們可能會發現跟生命中的一些人不再契合。職業生涯的轉變、生活地點的遷移與關係的重新評估都很常見。

　　一旦意識到或了解自己的人生課題，並以正確的觀點來看待它們，我們就可望得到一種覺知。我們會更能掌握自己的人生。對於如何跟自己生活裡的每一個人互動，也會做出更好的選擇。我們會變得更懂得以愛，而非恐懼為出發點來過生活。我們開始真正活在當下。我們會有意識地用慈悲與理解的心、而不是用挑剔與評斷的理性頭腦來生活。當我們用心，就能將其他人看作是他們生命經驗與選擇的產物，而較容易去同理。

　　透過改變自己與觀點，我們也改變了我們的價值體系與生活方式。我們加速自己的振動頻率到更高層次，接著，我們周遭的一切會開始變化。愛是最快速的振頻，因此當靈魂開始在這頻率裡運作，這個頻率不僅會改變我們，也會改變整體的氛圍與環境。隨著振動頻率的提升，我們**所有**的關係都將改變，因為**我們**正在改變。

　　伍迪・艾倫有部很少人知道的電影：《另一個女人》

（*Another Woman*）。電影中吉娜‧羅蘭茲（Gena Rowlands）飾演一名哲學教授與作家，她總是用左腦分析思考的那面來生活，對周遭的人表現得很冷酷與冷漠。她覺得自己比他人優秀，認為她對別人的直率批評是為了他們好。她的關係都不深刻，與人保持距離令她自在。當她為了好好寫下一本書而租了間安靜的公寓，卻發現透過建物的通風管，她能聽見隔壁精神科醫師辦公室裡的病人不加修飾的真實感受。她深受那些真實的人的真實情感吸引，漸漸學會接受自己的缺點；她外在所築的牆終於開始崩垮，也開始了改變她人生的旅程。我覺得這個故事真是太高明了。

特定的靈魂課題

我知道當你讀完這一章，一定很想了解你的靈魂正在學習的特定課題，並懷疑是否有可能完成。答案是可以的！但你必須花時間去找到答案。往內心看是關鍵，而要做到這一點的最簡單方法就是透過冥想。依據你冥想的意圖，你就能得到相關的知識與啟示。

要洞悉你的靈魂課題，請先把心靜下來，做幾次深呼吸，然後用你的內在之眼，回到童年某個正面和愉快的經驗。當你重訪這個場景，請重新體驗，彷彿你又再度置身其中。（請記得，我們不是要批判，而是以旁觀的角度來觀看。）

　　全然地融入那個愉快的童年經驗裡，感受那個快樂。現在，慢慢開始看著你人生中的每一年陸續展開。覺察到在這些特定時期，你生命中最重要的人。

　　留意哪些人跟情境對你產生強烈的情感衝擊。

　　把自己帶回今天。當你在回顧並體驗你的人生時，有沒有什麼特定的場景、情況與行為似乎是一再出現的？

　　你是否意識到相同的經驗跟你對它們的反應一再重演？

　　你有沒有感覺生命中的主要角色都如出一轍？

　　透過誠實的評估，你會辨識出自己經歷的重複主題或情節；這就是你的靈魂回來學習的課題。

　　在我的工作生涯裡，我發現我的學生認知到有幾個反覆出現的挑戰是他們生命中的重複主題。我整理並列出最常見，以及符合這樣生命經驗的可能課題。請從以下選擇一個你最有共鳴的挑戰，並把相對應的課題作為每日的禱文，這會為你帶來驚人的洞察與幫助。

豐盛

　　課題：把注意力集中在你擁有的、而非你缺乏的，因為你專注的就是你會得到的。要知道你是無限的存有，無論你渴望什麼，你都能顯化。

虐待行為

　　課題：你無法控制身為孩童時發生在你身上的事，但你確實有能力去釋放被背叛的憤怒與感受。虐待的業力循環是最強大的業力之一，你必須學習用寬恕與理解去打破它。

上癮

　　課題：身體在先天遺傳上可能就有容易上癮的因子，而你選擇這個人類身體是有原因的。你必須學習節制與平衡，這是和諧的身體、情緒、心理與靈性健康的關鍵。你也必須學習接受他人的幫助。

變動

　　課題：靈魂成長的新冒險與機會不會發生在停滯的環境裡。要知道，當你走出舒適圈，你永遠是安全與受到保護的。

嫉妒

課題：把自己與他人比較是學習而來的特性，它會剝奪你內在的幸福感。珍惜並愛你自己，因為你永遠不會真正知道其他人要面對怎樣的個人挑戰和阻礙。

失敗

課題：犯錯是讓你了解自己的強項與弱點的最好方式，但只有承認並看作是學習的機會，而不是失敗，它們才會帶來成功的果實。

家庭

課題：你的靈魂夥伴已經同意要在目前這個旅程與你同行。他們在此是要支持與幫助你學習。如果你的家庭看來比較像是挑戰，請客觀地檢視你的家庭互動模式，並盡可能與家人和解。

恐懼

課題：你這一生的首要任務是與愛的源頭能量連結。恐懼會偽裝成不同樣貌來測試你。屈服於恐懼只會使自己受限，並

使你的道路更艱辛。要知道，恐懼是幻相和騙子。有很多工具能幫助你抵抗它。

寬恕

課題：靈魂最寶貴的工具，就是真正寬恕的能力。透過釋放他人帶給你的負面能量，你放下情緒的壓力，也打破了一個強大的業力循環。

悲傷

課題：如果曾經是你的東西又被取走，請將此看作是感恩曾經擁有的機會。沒有任何事物會永遠消失；失去是強大的學習工具，但要知道，所有的失去都只是暫時的。

罪惡感

課題：這種情緒是恐懼最迂迴的偽裝之一，因為它通常是自己加諸在自己身上。原諒自己（必要的話向自己道歉）是消除罪惡感的「剋星」。

健康

　　課題：靈魂要能在地球上發揮效益，滋養、維護並經常評估你的身體狀況，是首要且必要的。身體、情緒或心理的不平衡，對靈性成長都是挑戰。

評斷

　　課題：你眼中所見的一切，都是由聖靈的能量組成。當你評斷某事，你就是在評斷自己。你在道路上所遇見的每一個人與所有事件，都有其存在的原因；學習不對它們貼上好或壞的標籤。他們**就是**他們。

關係

　　課題：你選擇有親近關係的靈魂，是你最好的老師。他們對你舉著一面鏡子，讓你知道自己缺少的是什麼。你的靈魂會召喚那些最能指導你的人進入你的生活圈。

自尊

　　課題：靈魂所選的道路會帶給你可能貶低你的價值感和信心的阻礙。你必須學會，你來這裡就是要克服這些障礙，而所

有你渴望的都會成功。任何不如人的感覺都只是幻相。

　　這個世界經常讓人感覺寂寞。但重要的是，要記得我們從不孤單。我們只要把眼睛從手機與電腦上移開，看看四周，就能看見被安排在我們道路上的人（甚至動物）。

　　你在地球上的靈魂家人現在正與你一起，你跟眼中所見的萬物也一直都有連結。即使你現在是獨自一人在房間，如果你向聖靈打開心，你從聖靈接收到的愛會巨大到令你無比震撼。在這個星球上的人類是有限的，而你就是其中之一。你是特別的。你在地球是有原因的。

第八章
靈魂的選擇

　　靈魂永遠有自由意志。它可以選擇在聖靈世界中擴展與成長，也可以選擇融入肉體，也就是進入物質世界。當靈魂在地球展現其自由意志，它就能改變生命的過程、周遭人的生活，甚至整個星球。

　　我們所做的選擇都帶有責任，因為即使是我們人生中所做的小事，都可能影響許多人。所以，靈魂不僅要負責達到它本身最理想的成長，也要為它對所有事物——其他人、動物、大自然與環境——的影響負責。為了成長，靈魂必須與內在的真理校準，並有意識地努力在每一天都保持覺知。這會需要練習。

　　有些已覺察到這點的人，將比其他人更善於保持覺知，但沒有人是完美的。當你在靈魂進化的旅程中有了這樣的覺察，你終會踏上發現自我的探索之路。而在這條路上，你很快會明白，現在的處境是基於過去的選擇所創造的。你會知道，雖然他人的自由意志曾對你產生影響，但你對現在的自己仍負有完全的責任。你要完全對現在的你負責。

愛與恐懼

　　人類需要了解，人生就是一連串的選擇；我們生命中的每一天、每一分鐘，都在做選擇。有些選擇很普通，有些很重要，但它們全都一起打造了我們這個世界。而做選擇的最簡單方法，就是問自己：**這個決定是出於恐懼還是愛？**

　　在工作坊討論這個主題時，人們看我的眼神彷彿我瘋了一樣。我的答案似乎太簡單了！他們試圖合理化各種理由與藉口，想要推翻我們生命中所有重要決定與這兩個動機有關的假設。大多數人都過度分析重大決定，還會做表格或清單來列出優缺點——這麼做並沒有錯。也有的人剛好相反，他們就只是聽天由命，不論後果如何。

　　由於世界的混亂，會用這種方式來應付或做選擇，也是很能理解的。我們周遭有太多無意識的暴力、對生命的不尊重、經濟的不確定性、環境的惡化與難以置信的貧窮。我們必須不斷提醒自己，我們可能無法控制這個世界和它的問題，但我們確實可以控制我們自己的小世界和選擇，希望透過明智的、出於愛的決定，我們不僅能讓自己的人生變得更好，也能讓整個世界變得更好。

　　瑪麗安・威廉森（Marianne Williamson）是我一位深受尊

敬的同仁，她說：「愛是我們與生俱來的，恐懼則是我們在這裡學到的。」這句話說得再真實不過了。愛是靈魂的天性，恐懼對靈魂來說是陌生的。因此，想像你用一種對人生來說根本不自然，甚至不屬於它天生的情緒來生活和表達；這就像不斷划著一艘獨木舟逆流而行，而不是順著愛之流。愛，才是宇宙天生自然的能量。

評估你的選擇

我在工作坊幫助學生評估的其中一個練習，就是請他們回顧自己所做的重要選擇——這些選擇把他們帶到了人生的這個當下。

- 這些選擇是你家人促使你做的嗎？
- 這些選擇是基於別人會如何評斷你而做的嗎？
- 這些選擇純粹跟財務上的收益有關嗎？
- 你做出這樣的決定，是為了想贏得某人的愛或接受嗎？
- 或者，你是基於內心深處真正覺得適合自己，會令你快樂的感受來決定？

之後，我會讓學生回顧每一次重要的人生抉擇，那個決定背後的動機是什麼，而最後的結果又是什麼。大部分人發現，那些他們發自內心，而非大腦的決定，結果都是正面的。我當

然不是主張你不分析就貿然做出決定，但如果你讓恐懼控制你的動機，通常都不會有快樂的結果。

然而，即使你試圖以愛為出發點來做出某個人生抉擇，結果也可能看似難以承受。這會讓你因此感到困惑和無法掌控。你也可能在做決定時設下一些條件，譬如說，假設你得到一份夢想中的工作，這份工作包括了你想要的一切，但也表示你必須搬到一個陌生城市居住，那麼你的思考過程會是什麼？你思考的會是：住在不同國家、學習新語言與文化，以及離開家人與朋友的挑戰，比一份能令你快樂與發揮創意的工作前景來得更重要嗎？

每個人的答案都沒有對錯，但對你來說，確實有個對與錯的答案。只有你知道什麼才能令你真正快樂，而你可以透過「跟隨你的心」來讓自己更容易地做出決定。

如果你完全是基於愛以及什麼適合你來做決定，那麼大多數的決定都會變得「想都不用想」。但如果你是基於恐懼或他人的期待來做決定，那麼很有可能你將會逆著水流游泳，試圖達成根本不是你的目標的理想。

由於靈魂的本質是愛，如果我們偏離愛的動機，我們就永遠不會感到自在。基於恐懼所做的決定，會讓我們毫無目標地

隨波逐流，永遠在尋找內心的渴望，卻也永遠找不到。

在《綠野仙蹤》裡，桃樂絲與好女巫葛琳達具象徵性的最後一幕，就可明顯看出這點。桃樂絲終於明白，做出正確決定的力量一直在她的內心，沒有人能替她做決定。在認知到自己思想的力量、聆聽內心的聲音，並得到使用這些工具的勇氣之後，她有了克服人生曲折道路挑戰的覺知力，因此終於回到了家：回到愛的能量裡。

聆聽你靈魂的聲音

選擇永遠都伴隨著結果。我們必須接受我們的選擇可能會產生從未預料到的情況。有時我們出於愛做了某個決定，宇宙卻會考驗我們對這個決定的承諾。你可能發現做了決定後，發生了預料外的事，使得你質疑起自己。你開始想：**要是我當初這樣做呢？要是我當初那樣做呢？這件事或許就不會發生了。**就是在這種驚慌失措的狀況下，你為自己所選的道路的承諾才能被考驗。這可以是對任何事情的承諾：健康、豐盛、關係……等等所有你想得到的。你必須要信任你的直覺、你靈魂的知曉。

當你有意識地選擇基於愛來做決定，自由也會隨之而來。不會再有事後諸葛或懷疑。沒錯，永遠都會有你無能為力的際

遇或事件發生。別的靈魂也有自由意志，你無法控制這一點。你知道的，世事難料。但是，如果你對自己的行為保持覺知，並且有意識地察覺到你的力量就在這個當下，你將會從生命中得到更多，而不僅僅只是存在著。你會開始不把事情視為理所當然。你將很快看見生活中能帶來真實幸福與喜悅的小事。那些看似非常重要且戲劇性的小煩惱，將不再那麼重要。偶爾你會質疑自己並過度分析，但如果你保持清明並忠於直覺，你最終會超越懷疑，並進入一種「內在平靜」的狀態。你靈魂的聲音會變得更清晰。

這就是靈魂在這個世界的生存方式。在生活中的每個層面練習覺知絕對有可能辦到——無論是在家中、工作與關係裡。你是充滿能量的存在，如果你與愛的能量共振，你就是在與你真實的本質同步。

米開朗基羅曾說他在那塊大理石裡看見**大衛**，因此雕鑿直到將他從裡面釋放出來。同樣地，我們也能把所有不是**我們**的部分鑿掉。這就是我們的挑戰：鑿去物質次元的所有期待與要求，顯露出我們的真實自我——那個榮耀並認知到我們真正使命的愛的存有。

直覺是幫助你做出人生正確選擇的指引。如果**感覺**不對，就是不對。身體的線索也能幫助你——起雞皮疙瘩、胃部的感

受與沉重的心情，都是你內在聲音的具體顯現。

我在多年前發展直覺時，就學會要留意身體的感覺，因為它總是會告訴我什麼才適合我。當出現身體的感覺時，你要認出它、承認它，並且記住這樣的感受。這是在面對每一個呈現在你道路的選擇、情境與事件時，你會想有的指引。這是靈魂的自動導航系統，它會告訴你，你正在轉彎的方向是對還是錯，如果你有在聆聽的話。

永遠都有選擇

選擇是靈魂自我的創造性表達。不論生活中出現了什麼情況，我們都擁有絕對的自由意志可以給現況更多力量，或來個一百八十度大反轉。

如果有人對你表露憤怒，而你也用憤怒來回應，你就是給了憤怒生命。如果你充滿怨恨，你就是在練習怨恨。給予一個情緒的燃料愈多，它就變得愈強大。當有意識地選擇快樂與愛的人愈多，就有愈多快樂與愛的能量滲入這個世界。現在就下決心練習正面思考，化負面想法為烏有！

每當面對一個很有挑戰性的處境，我首先會去感覺自己是否有能力緩和情勢。我能控制自己的行為，但我沒有能力控制

別人的行為。這時「寧靜禱文」會是有用的工具：

神啊，請賜我寧靜，

去接受我無法改變的事；

請賜我勇氣，去改變我能改變的事；

請賜我智慧，以分辨二者的不同。

透過這些字句，我把自己帶入一個平靜的心理狀態，在那裡不會有憤怒或低落情緒主導的空間。我客觀地看著那個情形思考：**我的靈魂正從這件事學習什麼？**當然，我不是很輕易就能想到。我必須每天練習這種思考方式，我甚至還養成用它來玩遊戲的習慣。

比方說，假設我剛經歷了十個小時令人極度疲倦的飛行，正在旅館辦理住宿手續，而櫃檯的職員卻不太周到。遊戲就開始了。我會**選擇**如何反應？我可以發火、咆哮與大吼，然後叫經理出來。這會讓我、那位職員、經理，與任何無辜的旁觀者感到不開心，而這就是我造成且必須忍受的能量。我也必須留意自己造成的能量會產生漣漪效應。那位職員與經理可能會把我的負面能量用在其他客人、雇員，或甚至家人身上。而**我**就會是這一切的源頭，因為是我選擇要如何回應的。

反之，我能做的另一個選擇是，等他們解決了情況，微

笑，然後溫和地跟他們說我因為旅行而非常疲累，很想躺下來休息。我會讓他們把注意力放在我身上、親切地以他們的名字稱呼他們。這樣，我就是在創造會回到自己身上的好能量。這比引發爭執，然後得忍受爭吵要輕鬆多了。

好些年來，我一直在練習這個覺知面向，我對自己所做的選擇感到平靜許多。我不總是完美，但我很努力。我知道我的反應會產生結果，而我得擁有那些結果。那麼我寧願擁有美好。

選擇保持覺知應該是任何信仰的基石。若你的信仰沒有激勵你成為善良的人，那麼或許是該重新思考你的信仰的時候了，因為顯然它對你並沒有幫助。在你練習保持覺知一段時間之後，保持覺知就自然會是你的狀態，而非你試圖去做的事。這就像學習彈奏樂器或學一種新語言：久而久之，意識與下意識融合。正面會吸引正面；負面會吸引負面。健康的思想維持你的健康；豐盛的思想帶給你豐盛。

你與一切萬物都是相連的，你就是宇宙的創造力，永遠不要覺得與它是分離的。你永遠可以選擇今天想怎麼過。定義你的不是你的過去，或已經發生在你身上的事。雖然沒有那些經

驗,你就不會是今天的你。但你在當下此刻,有絕對的力量。
有時候,如果不願對已在身後的人事放手,你就無法擁有眼前
的事物。

第九章
活出靈魂滿足的人生

　　我非常喜愛這句據稱是出自切羅基族的諺語:「出生時,你大哭、世人歡呼。就用死去時,世人大哭而你歡呼的方式,活出你的人生吧!」

　　我們都有能力在離開這個世界時,讓世界比我們來的時候更好。有些人影響層面較廣,做了偉大的事;有些則是待人友善、有同情心、同理心,或是遵從《聖經》所說的,己所欲施於人。這是很簡單的概念,但許多人卻似乎難以理解。

　　人類使用地球行星的運行來定義時間:自轉整整一圈就是一天;環繞太陽公轉一周是一年。在我們這個三次元的世界,時間是必要的設計,而每小時、每一分、每一秒,都在不知不覺中快速與我們失之交臂,珍貴的時刻就這麼消失,永不重複。

　　若你能偶爾暫停一下,覺察周遭的空間、人群與事件,並專注地感受一切,那麼有一天,你就能在回顧自己的一生時,知道你的靈魂非常感謝你在旅程中所經歷的每一刻。這就是享

受「靈魂滿足」人生的開始。

你正在遵循靈魂道路（而不是過著基於恐懼的人生）的指標之一，就是當一切似乎都很**容易**的時候。當生活中充滿巧合與同步性，而非阻撓與障礙，你就知道自己是走在正確的路上。

在我的人生中，這些年來已證實這是真的，而且經常是以最奇怪的方式出現。當這種情形發生，我會感覺自己彷彿融入宇宙合唱團的節奏。每當我聆聽直覺，我就不會覺得受到恐懼的幻相控制。

活在當下

寫到這裡時，我才剛從瑞士蘇黎士回來。我在那裡度過了一個靈魂純然滿足的週末。我完全活在那個當下，享受一個感覺很久前宇宙就已啟動的計畫。以凡人的言語敘述這個故事並無法表達我在當時所感受到的喜悅與幸福。

我從小就一直想造訪瑞士，我不知道它為何吸引我，遺憾的是，在我過去三十年的旅行中，瑞士從未被排入計畫。後來，有位朋友突然打電話給我，說有一群活動規劃者要在蘇黎士辦一個名為「國際靈媒大會」的活動，問我有沒有興趣參

加？不用說，我立刻報名，並且很榮幸能擔任週六夜晚的主講人，我也受邀在週一開一場全天的工作坊。我在週四搭上航程十二小時的飛機。整個飛行期間，我的心都在唱歌，在靈魂深處，我知道這件事不只是「正確」。一個我靈魂渴望已久的願望正要實現。

經過長途飛行與六小時的睡眠，我在週五一大早抵達當地。我興奮到覺得自己像是在過耶誕節早晨的小孩。我去過世界上很多令我感受到可怕的前世經驗的城市。像巴黎、伊斯坦堡與聖彼得堡如此美麗的城市，我都知道我曾經在那些地方有過不幸的結局。但蘇黎士沒有。那裡感覺起來充滿光明與喜悅，我非常開心能去那裡。

活動規劃者安排我住在巴爾拉克酒店（Baur au Lac），那是我住過最高雅奢華的飯店之一。那裡的工作人員、庭園、房間，一切都有如超脫塵世。登記入住、放好行李之後，我出門去看看四周的景致，而我不斷聽見腦中的聲音說著：**留意徵兆！**我知道我的指導靈不是在警告我注意交通號誌，而是在鼓勵我打開心接受聖靈的徵兆。

自從我們養了狗之後，布萊恩就不再經常跟我一同旅行。不是因為我們找不到可靠的狗保母，問題是出在布萊恩身上。只要離開牠們的時間稍微久一點，頂多……四個小時吧，他就

會不開心。這也讓我有了可以邀請其他新舊靈魂同伴與我一起出差的難得享受。那一年稍早，我在都柏林教授一個通靈課程時，遇見一位名叫安托內‧伯恩的可愛女子，我立刻就知道我們會成為好友，因此我邀請她到蘇黎士。

我並不確定跟安托內在她飯店碰面的時間，只知道大約是傍晚時分。稍作觀光之後，我大約七點散步到她下榻的飯店，準備接她一起去吃晚餐。飯店櫃檯人員告訴我她尚未辦理入住。我覺得奇怪，因為我以為她應該已經到了。我走到飯店前的階梯上坐下來，拿出手機打電話給她。我還沒按下電話號碼的第一個數字，一部計程車便在路邊停下來。安托內帶著大大的笑容從車裡跳了出來，我們擁抱彼此。那是個長長的、安靜的擁抱，感覺像是世界暫停了片刻，正在公認兩個朋友間的連結。當我們一見面，我們甚至不用透過言語就知道我們的靈魂已踏入某種令人狂喜的漩渦，我們感覺到這次的相聚是聖靈國度的精心安排。

安托內辦好入住手續後，我們便往城市去。下午觀光時，我就挑好了一家看來古色古香的餐廳，於是我們走過一座橋散步過去，橋下剛好有群天鵝游過。那個感覺就像身處於童話故事裡。

當我們在餐廳看著菜單時，她說：「你知道嗎，我吃素

耶。」

　　我感覺很糟；我居然沒想到要問她。侍者剛好聽見，便走回來遞給我們一份素食菜單——他們擅長的就是素食料理。

　　隔天早上，我們巡了一下舉行靈媒活動的會場，也跟幾位將在週末進行示範的靈媒碰面。每個人似乎都非常興奮能來到這裡。

　　安托內與我離開會場，打算回我的飯店，但我們卻迷路了。每次我們以為找到了方向，就會轉到一條不認得的路上。我們變得很沒方向感，實在好笑。我們一邊笑著，她一邊去請問一位陌生人能否幫忙。那個人有著一頭白髮與藍色眼珠，穿著打扮無可挑剔。

　　安托內告訴他飯店的名字，他說：「讓我開車載你們去吧，這樣比較簡單。」他不僅載我們到飯店，還為我們小小導覽了一下附近區域，並確定我們知道了主要的街道。到了飯店，他還下車替我們開門。

　　他的車子開走時，安托內和我彼此對望，然後同時說：「沒錯，那是位天使。」我不知道還能稱呼他什麼。他太完美了。

　　回到我房間時，我們發現一個插了二十四朵長柄紅玫瑰的花瓶，附帶的便條紙上寫著：「謝謝你來到瑞士。」沒有送花者的署名。

　　我望向剛在椅子上坐下的安托內。她的臉是蒼白的。「妳還好嗎？」我問道。

　　「玫瑰。你不記得玫瑰了？」。她提醒我，我在都柏林教授的那堂課，她已過世的母親曾透過其中一名學生傳遞訊息：「我是那個送妳紅玫瑰的人。」在當時，我們都不知道那是什麼意思，但現在我們知道了！安托內的母親很年輕就過世了，留下安托內撫養十個兄弟姊妹。這就是她母親回來感謝自己女兒的方式。

　　那個週末充滿了意外的驚喜與樂趣。譬如說，我們想買在飯店浴缸泡澡用的浴鹽，但那天是星期天，瑞士是天主教國家，所有商店都不開門。我們在一個街角轉彎，就看見一間浴室用品店——是開著的。顯化隨時都在發生。

　　終於，安托內轉身對我說：「這是怎麼一回事？你是煉金師嗎？」

　　我對她有趣的用字哈哈大笑，回答道：「我想這就是命中

注定吧。」

這整個週末讓我思考了宿命、命運，和當事人的潛意識與意識能量組合之間的不同。我相信這個週末是命中注定的，也相信我們確實有創造一段好或壞時光的自由意志，但還有一種我無法確切說出的附帶成分。那是我和安托內兩人都為之臣服，一種輕鬆自然的熱忱與喜悅，使得我們在一起的時光如此特別。

只要兩個志趣相投的人，加入一點注定，還有熱忱與喜悅，然後放下任何預期想法，就會得到魔法。這真的**是煉金術**。但那個我無法定義的神秘成分是什麼？我確定安托內與我正體驗靈魂滿足的生活，而我決定要分析這個概念。

變得覺察

靈魂滿足的生活是有意識地覺察到你與源頭是連結的，並且信任事件會在神性的秩序中為你開展。你永遠都有自由意志，但你與你的直覺——靈魂的聲音——是如此一致，因此你的自由意志總是會做出最好的決定。

唯有當我們開始用靈魂的力量或直覺，而非批判的心智來思考與生活，我們才能自由翱翔。我們甚至連想都不用想，只

要保持覺察與活力就好。真正的智慧來自靈魂，而非大腦。當我們屈服於自己的小我，而與靈魂切斷連結，就等於把真正的自己最小化了。

當你開始過著與靈魂本質一致的生活，喜悅就會超越負面事物，豐盛就會超越限制，和平也會超越混亂。能夠創造轉化並吸引擴展與成長的完美情況、關係與情境的，就是你。

進入靈魂滿足生活的第一步，就是保持**覺察**。當你變得更能覺察到周遭的物質世界，並在意識上接受你與聖靈的連結所擁有的力量可以改變物質世界，一個**全新**的世界就此展開。

保持覺察令你受益，它使你更了解自己，以及參與你人生劇碼的其他人的動機。然而，如果你決定過一個靈魂滿足的人生，該從何開始呢？

讓我跟你分享我一直在練習的技巧。

靜坐

每一天都從靜坐片刻開始。我指的是在你的一天開始**之前**的特定時間，但幾分鐘內就可以完成。靜坐是你能送給自己最棒的禮物之一，而且這跟冥想不同，後者是讓思緒安靜下來，

但這個練習更具目的性；事實上這是有意識的思考過程。在這個空間，你可以開始與你的思緒以及你在那個特定當下對自己的感覺連結。留意即將來臨的這天會涉及的事。在腦海中把可能發生的場景，以及你最想回應的方式整個播放一遍。看著你的思緒。它們的本質是負面還是正面？這些思緒源自何處？

你也可以考慮坐在鏡子前，靜靜地看著你的臉。這就是你呈現給世人的樣子。你看到的是什麼？你能覺察到你的表情在別人眼中是友善、令人愉快？還是焦慮和警戒的？

開始仔細聆聽你的身體。做一次心智掃瞄，你的身體永遠會跟你說話，它會告訴你它怎麼了。你知道有些人會跟你說：「我肋骨這邊一直在痛。」而當你問他們痛了多久，對方經常回答：「我不知道。」真的嗎？當你愈來愈認識身體的微妙，你就會開始更能覺察到情緒在你的身體感覺所扮演的角色。我毫不懷疑伴隨特定事件和人而有的情緒會觸發身體的回應。想想有哪些方法能處理並擺脫這樣的負面情緒。

隨著我們對自己的身體更為覺察，我們也會開始察覺到自己所陷入的各種行為模式。我們對一些特定狀況會如何反應？我們有沒有重複的思考模式？

了解我們的情緒以及觸發它們的原因，能夠幫助我們改變

回應的方式，並在生活中做出更好的選擇。當我們開始用這種態度去自我觀察，許多層面的自我覺察之門就開啟了。當我們能對自己的感受與反應誠實，我們也就能夠覺察到自己的期待標準。我們對自己與他人的期待是實際的嗎？

身為公眾人物，這是我必須面對的議題，我也覺得**我對他人的期望**是我每天都要努力處理的重複主題。我經常會想當然耳地認為人們的行為會跟我一樣。但你知道當你**想當然耳**的時候會發生什麼事：事情往往不是那麼回事！

在我接受每個人的做事方式都不一樣之前，我有過許多失眠的夜晚、不必要的衝突與好幾次的情緒崩潰，而要是我在陷入某個情境前知道這點，我就能給自己時間去分辨此人跟我能否契合。不是每個人都可以契合，這完全沒關係，我只需要去決定是否要讓那個人在我生命裡。這不代表他／她是好或壞，只代表那人此刻**對我**來說是好或壞。我期望自己能與每個人處得來是不切實際的。但透過對自己誠實、聆聽靈魂的建議，我允許自己做出對自己正確的選擇，結果也將是一個更有趣、更令人興奮，且更滿足靈魂的人生。

當你變得更有靈魂意識、知道自己是誰，並向外界真實展現自己，你就會在內心和生活圈裡發現更多喜悅、平靜與和諧。你不會喜歡所有人，也不會所有人都喜歡你。這在統計學

上是不可能的。所以，不要為此煩惱，也不要為此感到內疚或不安。如果改變那些統計數字對你的私人生活或事業很重要，你可以採取行動。

正面、快樂的人吸引正面、快樂的人。有意識地去注意自己的思想，以及散發的能量。我們很容易沉溺於生活中的負面情境，但我們也能試著為自己設定程式，讓自己在每次一有負面想法時，都把它轉為正面。

找回你的喜悅

喜悅在靈性生活是不可或缺的。在帶領研討會時，幽默與喜悅都是我的真實自我的重要部分。有些人對我的態度感到困惑，因為他們認為與死者對談應該是件沉重、嚴肅的事。我完全不同意。這是件令人喜悅、開心的事！它確認了我們「離世的」所愛之人並沒有真的離開，愛的連結也從未消失。這有什麼好悲傷的呢？

喜悅是我們存在的自然狀態，但生活在這有限的物質次元卻阻礙了我們感到喜悅。活得開心與充實是理所當然的。我們應該了解，喜悅所需的一切就在我們之內，我們只要學會找到它。這是靈魂輪迴首要學習的事，遺憾的是，父母、學校和大多數的教會並沒有教導我們。

以下是一些讓你練習找回喜悅的小技巧。

設定你的意圖

為你的一天設定一個清晰、正面的意圖，這是提高振動頻率最簡單的方式。

確定你的意圖是清晰的，但如果它沒有顯化，也不要感到愧疚。就像一名撐竿跳選手沒有過竿一樣，你只要拍拍身上的灰塵，再試一次就好。你的意圖可以是很籠統的，像是：**今天我想要少點批判**；你的意圖也可以很明確，如果你很在意某個即將到來的面對面衝突或決定的話。無論如何，永遠要想像結果是開心的。

堅定不移

喜悅需要每天擁抱，因此當你設定了意圖，一定要堅持做到。別讓他人影響或說服你走上他們認為是正確的路。有他人的建議很好，但做決定的是你，要承受後果的也是你。當你日後回顧一個決定，最棒的是知道自己成功地以愛，而非恐懼來決定。一生實在太短，不該不開心——只要去顯化那些會為你帶來喜悅的結果就好。

每天玩耍

我們每天早上遛完狗後，小布都會跑去找牠的球來玩接球遊戲。這個每天的儀式教導我許多事。生活中的大事耗費了我們太多時間，以致我們經常忘記會帶來喜悅的小事。

無論你喜歡的是什麼 —— 閱讀、玩填字遊戲、與朋友聊天 —— 一天一定要撥出一段時間讓自己開心。要是你不開心，你生活圈裡的人都感覺得到，於是他們也會感染不開心。好好滋養你的靈魂，它就會保持健康。

評估目前的自己

每天檢視自己幾次，確定自己是處在好的狀態。客觀地觀看你當下的情緒，是否某人或某個情況正令你焦慮？對付不安的最佳處方是什麼？你有力量顯化出最令人滿意的成果。你擁有改變生命軌跡的力量。結果永遠源於行動，而你有能力顯化出最令人喜悅的結果。

保持感恩的心

永遠要試著培養感恩的心。盡可能不要沉溺或專注在你沒有的事物，反而要為你所擁有的感謝。人生永遠會有挑戰，與

其將它們視為障礙，不如把它們當作是學習、成長並終究會完成的經驗。悲傷、受傷與苦痛，這些都是物質世界的學習工具，把它們當作靈魂邁向覺醒的墊腳石。

抓住快樂的思想

你既是人類，就難免喜歡挑剔與評斷他人。努力把這些思想連根拔除，並用積極正面的思想取代。負面思想會傷害接收者，也會傷害你。當某個挑剔或批判的念頭出現在你腦中，立刻去想一件能令你愉快或大笑的事，然後用那些情緒重新去看待那個挑剔或批判的念頭。記得，愛是靈魂的自然能量；順著它流動，不要抗拒。

照顧你的身體

就跟深海潛水員要檢查並維護他的設備，才能在海面下享受愉快時光一樣，我們也應該照顧並維護我們在人間的載具。如果沒有覺察到人類軀殼的需要，靈魂就無法行動與學習它的功課。

盡可能吃對的食物、有充足的休息與每天運動。我每天都會走路或跑步，我發現音樂有助於度過運動的時光。我的運動音樂清單總是包括了歌詞正面的振奮人心歌曲。就像蒙羅「在

睡眠時學習」的作品，我努力用快樂的語句餵養我的潛意識。

創造你的信仰系統

找到喜悅與愛的方法沒有對錯。我們都不一樣，因此指引我們旅程的信仰也會不同。這世上有許多靈性智慧，其中有些令你有共鳴，有些沒有。擁抱那些能讓你成為最好的人，並以善意與尊重待人的觀念。每天都會有新的洞見出現在你的道路，如果它們看來適合你，就敞開心接受它們；若不適合，就把它們還給宇宙。

釋放令你沉重的事物

每隔一陣子，我們都必須為自己的人生做一次大掃除。看看你的周遭，有哪些妨礙你活出喜悅的情況、人與限制。

如果是情況，就客觀地加以審視，並創造一條把它導向較愉悅之處的軌跡。如果是人，你們或許必須討論一下在這個關係中令你困擾的障礙。你在地球是為了與愛的能量共振，而若某事或某人在降低這個能量，這些人事就需要處理。

✡

　　當我們的人類生命來到終點，銀線被切斷，我們稱之為靈魂的聖靈能量就會回到它原本的家。它的家是能量的次元，我們人類的大腦只能將它定義為愛，但那個**愛**比起我們在這個物質世界所能理解的要廣大許多。

　　當靈魂回顧它在人間的旅居期間，是以一種充滿愛、沒有評斷的客觀態度來檢視它所做的選擇、行動與思想；我們稱此為**生命回顧**。靈魂會感覺到被他傷害的人的痛苦，以及對錯過機會的悔恨，但它也感受到它曾付出的愛與展現的善意。在生命回顧的過程中，靈魂明白了它在人間有個主要目標，那就是**去愛**。通往目標的路上設置了許多挑戰，如果我們在人間的時候，能夠有意識地努力聆聽靈魂的聲音，我們就有可能擁有許多值得驕傲的經驗。

　　一九九一年有一部很棒的電影叫《陰陽界生死戀》（*Defending Your Life*），片中亞伯特‧布魯克（Albert Brooks）飾演一個平凡男子，死後到了「審判市」。在那裡，他遇見另一名由梅莉‧史翠普飾演的剛到死後世界的女子，她非常善良可愛，看得出來她過了有覺知的一生。她的生命回顧（在片中像一場審判）只集中在她人生中的四天，以審判市的標準看來非常少。亞伯特的角色過的是充滿恐懼與不安的人生，他被安排要回顧九天，這就不太妙了。這部電影很有趣、可愛，而且令人訝異地充滿智慧。

　　你**現在**就有能力，能夠把你的人生變得充滿愛和喜悅。你有能力去使用在本書或其他地方所學到的工具，讓你的生命回顧比較像梅莉的，而不是亞伯特的。你的靈魂希望你如此，你的摯愛親友希望你如此，聖靈也這麼希望。當然，過程中一定會有挑戰，但如果把它們視為你為自己選擇要克服的事，而非別人對你做的令你難受的事，那麼你的人生經驗就會平靜安寧許多。

　　我希望透過閱讀本書，你能在靈魂於人世的冒險中得到啟發，也希望本書能激勵你有意識地去尋找愛的道路。我在本書最後一個單元為你設計了一些冥想引導，它們可以幫助你的內在旅程。

　　我們所有人都走在自己的黃磚路上。有些人仍然沉睡在罌粟田裡；有些人則滿足於翡翠城的物質享樂中。有些人仍然認為巫師很偉大且力量強大，並遵守著他專制的命令以討好他，有人卻已看見簾幕背後的男子而夢想破滅，或覺得遭到背叛。對我們其他人來說，一旦認知到內心所渴求的就在自己之內——我們離家就近了。而沒有一個地方像家那般美好。

後記

　　對於結束本書的最好方式，我思考了很久，然後我突然意識到，在整個寫作過程中，它一直與我同在。

　　我最近在清理車庫時，發現一幅舊的裱框詩作〈Desiderata〉，那是我朋友約翰送我的，很久以前我第一次去紐奧良旅行就是跟他一起。我現在把那幅詩作掛在工作室的牆上，它一直是我的靈感來源。

　　這首詩的作者有點令人困惑，因為許多人認為是某位匿名作者在一六九二年把它留在巴爾的摩的聖保羅教堂。其實它是麥斯·厄曼（Max Ehrmann）在一九二〇年代所寫，被用在聖保羅教堂一位牧師所發行的印刷刊物中，而那座教堂成立於一六九二年——混淆便由此而生。

　　對生活在一九七〇年代的我們來說，它是很普遍的牆面裝飾物，也是那個年代一首很受歡迎的歌。我最近把它放到我的臉書頁面上，結果得到有史以來最多的「讚」。許多人要不是留言說他們從未看過這首詩，就是說他們已經很久沒讀到它了。

　　這首詩的詩名被譯為〈渴求的事物〉。厄文先生是一名律師，他寫這首詩是為了提醒自己在事業挑戰與對靈性的渴望之間達到和諧。它確實道出了本書的主旨，因為我們都是面對世俗挑戰的聖靈存在，都在盡最大努力，在我們靈魂的冒險中遵循正確的道路。

　　祝福你的旅程平安愉快。

愛你的詹姆斯

渴求的事物

在嘈雜與匆忙中平靜前行，記得，寂靜中能找到平和。

在不屈服於人的情況下，盡可能與所有人和睦相處。

輕柔明確地說出你的真心話，並傾聽他人。即使愚鈍無知之人，也有他們的故事。

避開喜歡張揚與挑釁之人，他們會煩擾人的心靈。

若把自己與他人比較，你會變得虛榮而刻薄，因為永遠都有比你更偉大與更渺小的人。

享受成就，也享受計畫。

對你的事業保持興趣，無論有多卑微。它是在多變命運時機中，你真正能擁有的。

工作業務往來要謹慎行事，因為世間充滿了欺騙狡詐。

但別因此讓你看不見世間的美德；許多人都努力追求崇高理想，生命也處處充滿英勇事蹟。

做你自己。

尤其是，不要虛情假意。

也不要對愛吹毛求疵，因為在面對一切枯燥乏味與失望破滅時，它仍如青草一般長存。

衷心接受歲月帶來的忠告，優雅捨棄年輕時代的事物。

培養心靈的力量，以面對突然而來的不幸。
但別用想像來自尋苦惱。
許多恐懼因疲累與寂寞而生。在有益的紀律之外，也要溫柔地
對待自己。

你是宇宙之子，與樹木星辰一樣；
你有權生存於此。
無論你是否明白，宇宙無疑都會依其應有的樣貌展現在你面
前。

因此，與神和好，不管你對祂的看法如何，
不管你付出的勞力與你的志向為何，在喧囂混亂的生活中，也
要與你的靈魂和好。
即使有許多虛偽、苦役與破碎的夢想，這仍是個美麗的世界。
保持開朗。努力做個快樂的人。

© Max Ehrmann 1927

靈魂旅程
冥想引導

我的人生使命是教導人們關於意識、覺知，以及發現內在的靈魂之聲。無論去到世界上的任何地方，我總是鼓勵人們透過**練習**冥想，來展開這個旅程。而這確實需要練習。

冥想的目的

冥想是專注與穩定心智的藝術。人們因各種原因而冥想，它已被證實能降低血壓、增進記憶力、減輕沮喪與焦慮，並帶來對自我與所處世界的整體幸福感。許多人在生命的某個時刻嘗試了冥想，但真正長期持續的比例很少。原因有很多：缺乏耐心、一天裡的時間不夠用、太多干擾，或是達不到期待。

有些人對「冥想」這個詞有個直覺反應，他們會想到東方宗教或新時代的噱頭。如果我告訴我母親，朗誦玫瑰經或讀一本書、聽音樂或做白日夢——就是冥想，她一定會笑我。但任何你的大腦出神的時刻，就是冥想。

有多少次你曾在高速公路上突然發現你要下的出口已經過

了幾公里？有多少次你在看錄下來的電視節目，卻因為心思飄到其他地方而必須倒帶？也或者你必須重新看某本書的某個章節，因為即使你眼睛一直在看，卻沒在理解？

這些例子就是自發性的冥想，我們都是如此毫不費力就不知不覺地陷入其中，但當我們坐下來試著冥想，我們的心思就充滿了購物清單、足球比賽與其他責任。這就是為何冥想需要練習。

自有思想開始，冥想就一直存在。有學者相信他們有證據顯示西班牙與法國的洞穴壁畫遠在西元前一萬四千年就描繪了冥想者。遍及世界各地的古代智者到現代導師，都告訴我們冥想具有療癒的力量，包括心理上、身體上、情緒上與心靈上的療癒。

那麼要從何開始呢？首先你必須檢視你的意圖。你希望從冥想中得到什麼？我知道有人自稱是無神論者，他們冥想是為了得到身體上的益處，我也知道有人冥想是為了心靈上的好處。每個人都可以受益——但你的意圖是什麼，你又希望從中得到什麼？

對我來說，冥想是通往靈魂的一道門。經由多年的練習，我可以帶著某個問題進入冥想，然後帶著答案與平靜感——這

是問了我的靈魂什麼是對我最好的道路的平靜感 —— 結束冥想，並且知道我的請求已得到應允。

　　我為本書設計與量身打造了幾個冥想與肯定語句，它們可以在你通往愛的道路和自我發現的過程中幫上你。

冥想的準備

　　決定你的意圖後，在開始任何冥想或內在旅程的體驗之前，你應該謹慎選擇進行冥想的地點與空間。可能的話，選定一個專門用於這個目的的特殊地點會是最理想的，因為這不僅能把意圖放到那個空間，冥想的能量也會隨著時間累積。再者，當你進入這個空間，你就會自動知道自己進入了專為此目的選擇的環境，某種程度上，這也會讓你準備好開始。如果沒辦法，就選擇一個最不會受到干擾並令你覺得舒服的安靜地方。最好是你的屋子裡的某個房間，或甚至是花園裡某個除了用來進行療癒工作之外，不會有其他用途的地方。

　　你要限制外來的干擾，像是電話、電視與收音機。保持那個空間的整齊清潔也非常重要。記得，任何你身處的地點都會影響心智，因此你的環境必須是令你愉快的。看見並身處於一個美麗的空間，會令心智愉悅，而愉悅的心智狀態有助於深入探索你的內在旅程。

　　我發現，即使能在任何時間冥想，一天中選定固定的一小時，能夠幫助心智做好準備，並強化這是特地為這唯一目的留出來的時間。這除了能讓你挑出一個最不會分心的時刻，也顯示了你對這個過程的尊重。

　　在開始冥想前，我認為也很重要的是，你要認知到這是個人的旅程，雖然你可能最終是想幫助他人與／或分享經驗，但要跟另一個人分享這個空間時，你還是必須非常小心，因為其他人可能令你分心，你所累積的能量也可能會被削弱。

　　選好了空間並確信不會受到打擾後，你讓自己舒服的坐著，背挺直，讓能量在體內順暢地上下流動。覺察你的呼吸。專注於呼吸會令人非常平靜，你會覺得呼吸的節奏就像時鐘或節拍器的滴答聲。用鼻子如平常般地呼吸，不要太快，也不要太慢；不要太深，也不要太淺。不要憋氣，但在每次吐氣後暫停一下再吸氣。

　　專注於你的呼吸，並覺察到呼吸如何讓你的心思清晰、心跳變慢。要睜眼或閉眼是個人選擇，但如果眼睛是睜開的，你看到的東西應該是要你喜歡的。許多人會為了這個目的而設置一座祭壇，或放一幅最愛的影像，例如一張曼陀羅畫。香氣也是個人選擇，輕聲的音樂也是。你也許需要音樂來掩蓋周圍車輛或鄰居的噪音。穿著舒適、沒有約束感的衣服。記得喝足夠

的水，以免在冥想時感到口渴，但也不要喝太多，免得需要中
斷冥想去上廁所。

　　讓你的心思放鬆，隨意漫遊。你的意識裡一定會有些思緒
跳出來，例如乾洗衣服可以去拿了，或有篇論文該交了。認知
到那個思緒，然後放掉它。這只是你的意識在耍點小脾氣，試
圖吸引你的注意，讓你知道你有事情要做。把你的意識心放在
它的休息角落，讓它知道不用擔心——你很快就會回來。你的
意識在你清醒時已得到太多注意。它不僅會了解你為何要把它
擱在一邊，也會學會享受待在那裡的時間。

　　我為你設計了一些冥想引導來幫助你開始。你可以在進行
前先全部看一遍，也可以把這些冥想詞唸出來，用手機的錄音
裝置或錄音機錄起來，然後在冥想時播放。

你靈魂的聖所

想像你坐在一張裝飾華麗的金色座椅上，椅子上有一個紅色的絲絨靠墊。你獨自在一間非常美麗的房間裡，溫和的陽光照在窗戶上。壁爐中有火在燃燒，室內很溫暖。石造的牆壁似乎閃著微光，當你往上看時，幾乎看不到天花板。房裡有幾幅大型油畫，你認出畫裡是你人生中的一些重要地點。

你在房間裡走動，仔細看看每一幅畫。每一個地點給你的感覺如何？試著憶起在每個地點的一段愉悅時光。

房間裡的牆邊排了許多架子，架上擺著許多你的照片。仔細地看每張照片，認知到你是幾歲、照片裡跟你在一起的是誰。每一張照片對你都很有意義，每一張照片也都令你開心。

架子上也放著你向來珍惜的人生紀念品。拿起每一個紀念品，記起它們在你人生中是如何重要。隨著你拿起每件物品，回憶便擁上心頭。有個架子上擺著幾本皮革裝訂的書。慢慢地看看每一本書的書名。這些書名就是你的靈魂選擇學習的不同課題。回想一下每一門功課你的表現如何。

挑出其中一本書，把它帶回你的金色座椅。打開書，一次一頁地看著裡面的照片。照片中的你是幾歲、跟你在一起的是

誰？這張照片在告訴你某個故事嗎？你從那個故事學到了什麼？這當中沒有評斷，你只是單純地觀看與評估。

等你覺得了解了這本書要告訴你的事，你就輕輕地闔上書，把它抱在胸前。環顧一下房間，整個瀏覽一遍。感受這個房間給予你的愛。這個房間喜歡你在這裡。不用急，你想待在這房間多久都可以。這是你的家。

當你覺得離開的時候到了，做幾次深呼吸。用你的心智之眼，想像回到了人類世界的冥想空間，看見自己坐在那個空間裡。把你剛剛在聖所感受到的愛填滿冥想空間。慢慢地，把你的意識帶回這個冥想空間。做幾次深呼吸，慢慢地睜開眼睛。

療癒你的靈魂自我

　　想像你走在一條兩旁都是樹的道路上。這是陽光普照的美好一天，你可以聞到新鮮空氣的味道。隨著每一次深呼吸新鮮的空氣，你離道路盡頭也愈來愈近，盡頭處是一座佈滿藤蔓與花朵的涼亭。涼亭的入口在召喚你。通過入口後似乎更明亮了，你聽見鳥兒在前方歌唱。

　　當你走到涼亭下，先暫停片刻，你會覺察到接下來的路將帶你進入靈魂的次元。繼續往前走，感受到你的臉因陽光的照射而溫暖，這個陽光如此晴朗明亮，眼前的草地似乎都閃爍著微光。樹木生長得如此茂密高大，你幾乎看不見樹頂。各種鳥兒在上方飛翔，呼喚彼此。你慢慢地環顧你的花園，向裡面的生命打招呼。起伏的丘陵草地消失在地平線上，各式各樣的動物在樹蔭下嬉戲。各種顏色的花朵因你的到來而盛開，蝴蝶翩翩飛舞。

　　環顧四周，全神貫注於這個景致，當這麼做時，讓你的意識盡可能地擴展。你看見的一切都是完美的，你感受到的一切都是平靜的。

　　一條小溪引起了你的注意，因為它在陽光下閃閃發光。溪水緩緩地流向一座瀑布，那座瀑布在召喚你。水很溫暖，而當

你站在瀑布下方，一道彩虹出現在前方的霧氣裡。你站在瀑布下方時，水似乎變換成彩虹的每個顏色，你也感受到身上的人類世界的能量被沖洗掉了。

繼續待在瀑布下方，直到你感覺像空氣一般輕盈。事實上，你正在飄浮，但你完全能夠控制。隨著你往上飄浮到穿越彩虹，在你面前的是你從未見過的最美麗的樹。你毫不費力往那棵樹移動，你明白它就是你的靈魂。這棵樹就是你。你直覺地知道，樹的四根主枝代表了你的身體、情緒、心智與靈性。

你自在地在樹枝間飄浮，並檢查有什麼看起來或感覺不健康的地方。詢問這棵樹哪裡不舒服，它會告訴你。擁抱尋求協助的樹枝，對它注入愛。看著老舊的樹葉隨風飛走，也看著嫩綠的新葉出現。

這棵樹召喚你坐到樹枝間，當這麼做時，你感受到完整與整體感。有了你的愛，這棵樹洋溢著健康的光采，花兒在樹冠上盛開。你從這棵樹身上感受到的感謝，讓你的心充滿了幸福，你也認知到你能夠隨時進行療癒。你們會永遠同在。

你坐在樹枝上，享受著瀑布令你感受到的潔淨與輕盈——當你舉起雙手，你彷彿能透視它們。閉上你的雙眼，做幾次深呼吸，吸入這棵樹美好鮮嫩的氣味，並撫觸那因你而變得健康

的樹葉。

　　想像你回到了冥想空間，為身體注入所有你在旅程中感受
到的幸福與感謝。深吸一口氣，讓意識回到你的身體。當準備
好的時候，慢慢睜開你的眼睛。

感謝你的靈魂家人

想像自己走在一條鵝卵石街道上。舉目所及沒有任何人，你也不知道自己身處何地或何時，但你感到自在而放鬆，而且你知道自己是被歡迎的。太陽剛剛升起，美麗的早晨即將到來。

你看見前方街道盡頭是個有座大噴泉的公共廣場。你仔細看著那座噴泉，欣賞其中的工藝技巧。你認出那些裝飾噴泉的石頭人像是你目前生活中認識的人。他們看起來都很幸福愉快，他們也都往上看著位置比其他人都要高，而且在正中央的石像。那就是你。你的雕像高舉著雙手，帶著笑容。你看著自己的臉，忍不住露出微笑，噴泉的噴霧此時正輕撫過你的臉龐。

你聽到後方有扇門開啟的聲音，你注意到看起來像是村鎮戲院的場所開門了。你走過去，進入戲院裡。大廳非常華麗，牆上的珠寶在你臉上投射出多彩的倒影。大廳裡唯一的一扇門召喚你進入。裡面很暗，但你看見一張面對舞台的椅子。

舞台被燈光照亮，有一道紫色的簾幕。你舒服地在椅子上坐定後，簾幕拉開了，但舞台是空的。你直覺地知道，是要由你來決定邀請生命中的某人出場，由你來決定想跟誰說話。可

以是你的母親、父親或配偶；也可以是活著或已在聖靈世界的某人。

你感覺所有你曾經想談話的對象都在後台等待，他們也都很樂意見到你。你生命中的每個人都希望你了解，你們為何會在物質世界相遇。任何你呼喚的人都迫不及待地想跟你對話與安慰你。

等你做好了決定，你今天最想談話的人便會從舞台兩側出現。他們是如此高興見到你，等著你提出問題。他們有你要的答案。他們所說的一切你聽來都非常合理；你了解他們的動機，也感受到他們的愛。你的問題都會得到答案。你對你們在物質世界的共同旅程有了理解，你的心因此感到輕盈無比。你們感謝彼此為對方帶來的功課。

你可以請其他人出場，或留待下次造訪這間戲院時再說。等你所愛的人下台後，你看見自己在舞台的中央。你回到你的冥想空間，你的臉上有著笑容。用你從舞台的對話得到的瞭解填滿冥想空間。深吸一口氣，察覺到你的意識正回到冥想空間的身體自我。隨著簾幕拉上，閉上你的眼睛，感覺自己回到了身體裡。

再深吸一口氣，慢慢地睜開你的眼睛。

謝辭

我最要感謝的是布萊恩‧普萊斯頓（Brian Preston），以及我們的狗兒，布‧芮德與梅西‧梅。布萊恩，謝謝你作為我生命中的基石，讓我得以像風箏一樣高飛。

感謝下列這些人的靈魂同意與我共赴這趟冒險：

The Fortune family、the Barry family、The Opitz family、the Preston family、Mary Ann Saxon、Joerdie Fisher、Kelly Dennis、Kelly Kreinbrink、Jeff Eisenberg、Dorothea Delgado、Marilyn Whall、Doreen Virtue、Gabrielle O'Connor、Scott Schwimer、Jacqie Ochoa-Rosellini、Joe Skeehan、Teresa Griffin、Christian Dickens、Kellee White、Bernadette、Mavis Pittilla、Jean Elsa、Wesley Eure、Tori Mitchell、Randy Wilson、Ken Robb、Chip McAllister、Knute Keeling、Ron Oyer、The Kaba family、Peter Redgrove、Cyndi Schacher、Roberta Kent、Antoinette Byrne、Lisa Malcom、Angie Lile、Kris Voelker、Katrin Hall，以及在賀屋出版社（Hay House）的每一個人。

宇宙花園 21

靈魂的冒險 —— 穿越物質與靈魂次元的旅程

ADVENTURES OF THE SOUL

作者：詹姆斯‧范普拉 (James Van Praagh)

譯者：林慈敏

出版：宇宙花園

通訊地址：北市安和路 1 段 11 號 4 樓

e-mail：gardener@cosmicgarden.com.tw

編輯：宇宙花園

內頁版型：黃雅藍

印刷：金東印刷事業有限公司

總經銷：聯合發行股份有限公司 電話：(02)2917-8022

初版：2017 年 4 月

定價：NT$ 280 元

ISBN：978-986-91965-5-0

ADVENTURES OF THE SOUL

Copyright © 2014 by James Van Praagh

Originally published in 2014 by Hay House House

Complex Chinese Edition Copyright © 2017 by Cosmic Garden Publishing Co., Ltd.

Published by arrangement with Hay House Through Bardon-Chinese Media Agency.

All rights reserved.

國家圖書館出版品預行編目（CIP）資料

靈魂的冒險—穿越物質與靈魂次元的旅程 / 詹姆斯‧范普拉
（James Van Praagh）著；林慈敏 . -- 初版 . -- 臺北市：宇宙花園，
　2017.03 面；　公分 . --（宇宙花園；21）
　譯自：ADVENTURES OF THE SOUL: Journey Through the
Physical and Spiritual Dimensions
　ISBN 978-986-91965-5-0（平裝）
　1. 超心理學　2. 心靈學
　175.9　　　　　　　　　　　　　　　　106003435